爱是什么

[美]
芭芭拉·弗雷德里克森
(Barbara Fredrickson)
著

萧潇
译

LOVE 2.0

Finding Happiness
and
Health in Moments of Connection

中信出版集团 | 北京

图书在版编目(CIP)数据

爱是什么 / (美) 芭芭拉·弗雷德里克森著; 萧潇
译. -- 北京: 中信出版社, 2020.2
书名原文: Love 2.0
ISBN 978-7-5086-9597-6

Ⅰ. ①爱… Ⅱ. ①芭… ②萧… Ⅲ. ①情感—通俗读
物 Ⅳ. ① B842.6-49

中国版本图书馆 CIP 数据核字(2019)第 268364 号

爱是什么

著　　者: [美] 芭芭拉·弗雷德里克森
译　　者: 萧潇
出版发行: 中信出版集团股份有限公司
　　　　　(北京市朝阳区惠新东街甲 4 号富盛大厦 2 座　邮编　100029)
承 印 者: 北京楠萍印刷有限公司

开　　本: 880mm × 1230mm　1/32　　印　　张: 7　　字　　数: 185 千字
版　　次: 2020 年 2 月第 1 版　　印　　次: 2020 年 2 月第 1 次印刷
京权图字: 01-2013-6203　　广告经营许可证: 京朝工商广字第 8087 号
书　　号: ISBN 978-7-5086-9597-6
定　　价: 49.00 元

致亲爱的你，

以及与你产生爱的共鸣的人

目录

第一部分

爱是什么

第 1 章
爱是一种渴望

因纽特人赋予了雪 52 个名字，因为雪对他们来说非常重要。对爱，我们亦应如此。

——玛格丽特 · 阿特伍德

渴望。你了解这种感觉。它是当你感到有重要的东西正从生命中消逝时的那种痛；它是在你内心深处对“更多”的那种渴求——更多意义、更多联结、更多能量……更多的东西。渴望就是在你与不安、孤寂、愁闷妥协的前一刻涌遍你全身的那种感觉。

这样的渴望不只是一种心理状态，更是一种深层次的生理上的感觉。你的身体迫切渴望着尚未获得的重要养分，但你却不知道这种养分具体是什么。有时，你投身于工作、热衷于闲谈、沉迷于电视、耽溺于游戏，让自己麻痹渴望的痛。但更多时候，种种用来填补空虚之痛的做法不过是分散注意力的权宜之计。渴望不会被削弱。它如影随形，对你纠缠不休，更凸显了那些权宜之计的“魅力”。能够分散注意力的做法比比皆是——灌下两三杯酒，发上一通短信和微博，蜷在沙发里狂按遥控器。

很有可能，你并不是为了果腹而发愁。可以直接饮用的净水从水龙头里源源不断流出，空气很清新，而且你也居有定所……这些基本需求早已得到满足。现在，你渴望的远非物质层面的东西。

你渴望的是爱。无论你单身与否，无论你大多数时间独自一人还是身处喧闹，爱都是你体内每一个细胞渴求的重要养分——与其他生命之间充满正能量的联结。

事实证明，爱就像让植物茁壮生长的阳光、沃土与水一样，滋养着你的身体。你体验到的爱越多，你就越能够敞开心胸、不断成长，并且更智慧、更专注、更坚韧、更高效、更快乐、更健康。你会越来越成熟，越来越能够发现、感受、感恩你与其他人之间不可思议的联结，这种联结将你深深嵌入生命宏大的篇章之中。

你的身体生来可以从空气中获取氧气，从摄入的食物里吸收营养，也生来具有爱的能力。爱就像在极度疲惫时做一次深呼吸，或者在口干舌燥时吃一个橘子。它不仅能带给我们绝妙之感，更赋予我们生命，是我们获取能量、维持生存、保持健康的必要源泉。

我把爱比作氧气和食物。这不只是充满诗意的比喻，我谈论的是科学：这门新科学首次揭示了什么是爱，以及缺乏爱会令人类身体内部的生物化学物质发生怎样的重要改变，而这些物质又会如何改变脱氧核糖核酸（DNA）在细胞中的表现。你今天体验或未体验到的爱，很可能会在下一季、下一年，改变那些影响你身体健康、活力和整体状况的细胞。由此，爱的供给与洁净的空气和富有营养的食物一样，能够决定你生命的长度以及生命的质量。

你以为的爱并不是真正的爱

想要充分地了解爱这门新科学的内涵，你需要暂且退后一步，与此前所了解的“爱”保持距离。忘掉你通常在广播中听到的以身体欲望为中心的“爱”。放下你所谓家庭本应给予你的“爱”——如果在你眼中，即使家人的行为让你感到不舒服，或是他们的冷漠让你心生寒意，你也必须无条件地去爱他们。我甚至还要请你暂时不要把爱看作一种特殊的纽带或关系——无论对方是你的爱人、配偶，还是灵魂伴侣。如果你认为爱是由婚姻或其他保证忠诚的仪式所衍生的某种义务、承诺或誓约，那么请准备好迎接 180 度的思想大逆转：我需要你远离所有先入为主的观念，对“爱”做一次全面的思维升级。本书提供了一个全新的视野——让你从你的身体角度出发，来看待爱。

如果现在有个记者或是某个喜欢刨根问底的人询问你对于爱的看

法，你的答案很可能掺杂了大家共有的文化认知，以及你从以往的经历中获得的深层体会。不管你的答案听上去多么令人信服，我敢打赌，你的身体对爱自有其定义方式，而且是相当不同的方式。这就是本书的主题。爱不是性欲，不是血缘至亲，也不是某种特殊的纽带、承诺或誓言。当然，爱与这些重要的概念都密切相关，但我认为，所有这些概念都不能像你的身体一样捕捉到爱的真正内涵。

我在本书中谈到的对爱的看法和视角，需要你的思维进行一种翻天覆地的改变，需要你远离一直以来持有的关于爱的理念。现在，你需要全面升级对于爱的看法。爱不属于关系范畴，甚至也不是某种自然存在的事物，可以任由你"坠入"，或者在若干年以后又"走出"。虽然将爱视为某种"特殊纽带"的观念是一种谬论，但它仍被大众普遍接受。这样的纽带可以持续多年——通过适当的承诺与努力，甚至可以延续一生。可以肯定的是，至少与他人建立一次这样的亲密关系，对于你的健康与幸福都至关重要。即便如此，这样的特殊纽带以及人们通常围绕其而做出的承诺或立下的誓言，也应被视为爱的产物——很多微乎其微的爱的瞬间衍生出来的结果；你在其中获得的是爱的激励而不是爱本身。如果把爱和亲密关系等同起来，爱会显得令人困惑——时而美妙甘甜，时而伤人至深；时而让你对未来有美好的憧憬，时而让你觉得自己缺点多多而在它面前羞愧难当，或因为自己过去的行为而感到内疚不已。如果把对爱的理解限定在关系或承诺上，爱就会复杂得让人手足无措——各种情绪、期待与不安交织在一起。然而，如果转向从身体出发去看待爱，你就能够在混沌中辟出一条清晰的小路，让它指引你过上更好的生活。

还有几点我必须说明。你需要从自己最珍视的有关爱的信念中将自己剥离出去，比如“爱是独自占有、历久弥新、无条件的”等信念。这些深植于人们脑海中的信念更多时候只是美好的愿望，而不属于现实的生活。这些信念只会让你陷入“尚未遇到人生真爱”的白日梦境。正如你的身体对爱的定义，爱不是独自占有，不是为了灵魂伴侣、小圈子、亲人或所谓心爱的人而留存的东西。爱能触及的范围，远比我们通常被哄骗着相信的范围要广。爱也有时效性，它持续的时间比我们想象的要短得多。你会看到，爱无法持久不变，甚至飘忽易逝。不过，从好的方面来看，爱是永远可以更新循环的。最具挑战性的观点可能是：爱并不是无条件的。世上没有无条件的、无缘无故的爱。你会发现，要获得身体所渴求的爱，需要遵循各种先决条件。一旦了解了这些先决条件，那么你每一天都能够拥有很多次爱的体验。

我发现，由于大众对爱已经有太多强烈的先入为主的看法，因此我很难用术语向他们解释“爱”这个主题。很多这样的偏见反映了我们共同的文化传承，比如那些大量将爱等同于热恋或渴求性爱的歌曲和电影，或是结局皆大欢喜的动人故事，甚至是现实生活中把爱作为某种独一无二的联结与承诺来加以庆祝的结婚仪式。另外一些有关爱的观念则纯属个人感受，反映了个体独特的生活经历、人际交往间的喜与悲、经历的或尚未经历的亲密关系。如果不加思考，这些偏见会将对于爱的严肃学术讨论引向歧途，甚至可能会阻碍你以新的视角理解爱的全部内涵。

用爱获得积极情绪的力量

我的研究方法包括若干新的科学理论，同时关注精神与实践层面。这一方法不仅向千年以前以狩猎为生的先祖寻根探源，还探寻了千百年来尚未发掘的爱与成长的潜力，以及为爱创造适宜条件的能力，以期培养现代人以及我们的后人在爱与成长方面的认知能力。

我对于爱的研究基于情绪科学。在过去的 20 多年里，我一直致力于研究积极情绪——喜悦、乐趣、感激、希望等令人身心愉悦的情绪状态。奇怪的是，一天之中，我们会经历数十次这类情绪转变，并且时而发生在独处之时，时而出现于与他人相处之时。

我发现，即便此类积极情绪出现的时间很短，而且几乎难以察觉，它们也能够激发出我们生命中强有力的正能量。在这些积极情绪的作用下，我们的眼界会更加开阔。简单来说，眼界开阔就能让我们看到更多，视野更广。有了这种暂时性的眼界拓宽，我们会变得更加灵活、更加包容，也更具创造性。久而久之，我们会变得更加敏锐、机智。原因在于，随着时间的推移，这些积极情绪的点滴积累最终会重塑你的生活，使其更加美好，而你也会变得更加博学、更加坚韧、更易融入社会、身心更健康。事实上，科学研究表明，积极情绪能够让你的人生螺旋式上升，帮助你沿着成长的自有轨道不断前进，成长为更好的自己。

有关积极情绪的两大核心事实——它们能够令你心胸开阔，使你成长为更好的自己——是我关于积极情绪“拓展–构建理论”的两个定位点，已在我的第一本书《积极情绪的力量》(*Positivity*)中多次谈及。那本书展示了如何利用积极情绪战胜消极情绪，让我们的生活更有激情。

“积极”一词的意义深远广泛。我选用这个词概括所有积极的情绪，同时也有所侧重。“积极”一词也涵盖了促进积极情绪生根、发芽、开花、结果（心率减慢、思维拓展、面部表情变得轻松与友善等）的心理条件，甚至包括了积极情绪的作用，比如积极情绪对我们的人际关系、性格特质、身体健康和心灵成长所产生的重要影响。我猜想你会觉得我的定义过于宽泛，但我已经看到了使用“积极”这一包容性词语的真正价值。这个词语统领着一个包含爱和其他积极情绪的更全面的积极体系。积极情绪就是一个又一个微小的发动机，推动着错综复杂、震荡不断的积极体系的运行，也推动了其他零件的运转。然而，当我从这一众所周知的微观视点中退后一步，检视围绕着积极情绪运转的更大体系时，我看到了积极情绪如何将我们纳入生命、纳入与其他人相互联结的社会结构中，如何协调我们在变化的环境中成长与振作的方式。我需要一个能够涵盖这一更广阔体系的新词汇，于是我选择了“积极”。

关于这个更加全面的积极体系如何能更精准地定义“爱”，我将在第 2 章中予以详细描述。与其他所有的积极情绪一样，爱也遵循着“拓展 – 构建”的逻辑：虽然你与他人之间产生的感情联结转瞬即逝，但这种联结能够拓展你的思想意识，有助于在你的人生中产生持久且有益的改变。

你所渴求的爱恰恰就在这些短暂的感情联结中。在我们共同的文化词汇中，还有其他一些概念与“爱”这个词语相伴相生——耗费心神的渴望、独占一切的欲望、对忠诚的承诺、无条件的信任。我们最好将这些概念看作围绕爱的更大的积极体系中的关键因素。实际上，随着爱的不断累积，每一个因素都会逐渐增强：当你与某个人真正地心灵相通，你会更信任这个人，你们的关系和对彼此的忠诚度都会加深，你会希望与对方分享更多美妙的瞬间。然而，这只是故事的一面，同时，因果之箭也会射向另一个方向：更大的积极体系之内的这些因素——渴望、欲望、承诺或信任，同时也在触发爱。简单来说，如果一个人有强烈的渴望或欲望，或者坚固的承诺或信任，就更易于与另一个人心灵相通。因此，这些因素既是爱的成因，也是爱的结果。它们维持着复杂多变的积极体系的运转，而这个积极体系又铸造了你与家庭、朋友、社群之间无法言明的联结。爱，为这个体系提供着源源不断的能量，促使其运转。

但事情远不只如此简单，所以爱也会让我们感到迷惑。除了迷惑，“爱”这个词通常还附着于这个体系的很多不同部分。因此，如果你对一个人说“我爱你”，这句话很可能包含着一系列不同的概念，当然，这些概念彼此之间也是紧密关联的。比如：你想表达的“爱”可能是你期待两个人共同度过的时光。或者，你想表达的爱是对他的信任，同时也努力做到对其忠诚。又或者，你向某人坦承你的爱，只是想将这一特殊关系提升到你人生中格外重要的位置，希望或者确保将这个人置于内心最深处最重要的位置。不过最经常的情况是，你在说“我爱你”的时候，实际上想要表达出上述的所有内涵。从现实的角度出发，上述做法当然没有错；而且，我在没有发现任何益处的情况下，也绝不会要求你升级自己对爱的看法。我们在第 2 章对“爱”这个概念抽丝剥茧之后，你就会从身体感知的角度来理解爱的概念。至于现在，知道这样一个事实就已足够——即便你对于爱有各种各样的想法，你的身体对于爱却只有一种定义：“爱就是你与另外一个人之间那种温暖与情感联结的微小瞬间。”

不过，我想要强调的是，爱并不只是你不时体会到的众多积极情绪中的一员。爱超越了喜悦、乐趣、感激、希望；爱具有特殊的地位，我称其为“至高无上的情感”。首先，喜悦、乐趣、感激、希望或是其他积极情绪，在我们与他人心灵相通的瞬间，都可以转换成为爱。但是，仅仅把爱视为共有的积极情绪并不足够。尽管所有的积极情绪都能产生良好的影响，但毕竟不是所有的积极情绪都能开拓思维；而爱的积极影响则要深远得多，而且可能呈指数级扩张。爱是人类至高无上的情感，令我们充分体会活着的意义，感受到作为人类的价值所在。它是有助于人类繁衍生息、健康幸福的最重要的情感体验。

我有关爱的研究方法也是独辟蹊径，跨越了情绪科学与关系科学的领域。我从关系科学中吸取了思想，即爱能将人们拖出我执的茧壳，与他人协作。爱，让你带着关爱之心、关切之情、同情之意，真正地、全面地看待另一个人。在每一个爱意萌生的时刻，你真诚地关注着另一个人，单纯地为他（她）着想。这种感情是双向的、相互的。你可以体会到，当爱意萌生时，对方也会真心实意地为你着想——他（她）心中真的有你。关系学家们将这种相互间的关切归结为亲密关系的永久性特质之一，而我则将相互间的关切视为随着环境和情绪的改变而起落的暂时性状态。

坦白说，一次愉快的偶然事件让我对爱有了全新的看法。8年前，我当时正全身心投入情绪科学的研究中，不断验证我的“拓展－构建”理论的种种假设。我的主要目标是找到一种办法，用以探测出积极情绪累积的长期效果。我想知道，累积的积极情绪是否能像我的理论所预测的那样建构人们的智慧与能力，让他们的生活变得更加美好。为了找到支持因果定论的有力论据，我需要一个缜密的随机性实验，并将积极情绪每日增强的实验组与另外一个没有此类情绪体验的对照组进行比较。棘手的问题是，实验该如何进行？我和其他科学家用于测试积极情绪短期影响的实验室方法——音乐、电影片段、动画片、作为意外惊喜的糖果等——对此都没有效果，因为人类具有适应性，即便是最强烈的情绪刺激，假以时日也会像年深日久的墙纸一样，发黄褪色。在寻求可行性干预的道路上经历了若干次失败之后，我花了整整一年的时间参与了一个跨学科研讨项目。在此过程中，我第一次接触到了一种古老的思维训练方式，它在巴利语中被称为“慈”[①]，在梵语中被称为“导师”（maître），通常翻译为“慈悲”，或者简单地称为“慈”。我的脑海中突然灵光乍现：这种已经过千年锤炼的古老方法可以帮助我检验我的理论。也许，慈爱（慈悲的表现之一）的方法正是我寻觅多时的干预方式。

在接下来的一年里，我和学生们共同设计了一个缜密的随机性实验，用来测试通过慈爱冥想的方法来激发积极情绪的效果。实验对象是一些身心健康、没有特定信仰取向的成年职场人士。实验成果显而易见。当人们接触到全新的冥想方法，学习到如何平心静气、拓展慈爱的能力，他们就会发生从内到外的彻底转变，体会到更多的爱，变

① 慈，metta，佛教用语。——译者注

得更专注、更平静，拥有更多喜悦和更多乐趣。实验结果证明，受试者的每种积极情绪都有所增强。虽然他们通常独自进行自我冥想，但他们的积极情绪却在与他人的交流中（也就是在冥想之外的过程中）得到了最大限度的激发。此外，他们的生活品质也呈上升态势。在冥想练习中逐渐学到的仁慈之心让他们与他人之间的关系更加亲近。随后的实验进一步证实，正是这些与他人更亲近的关系对受试者的身体和健康产生了最积极的影响。我们也发现，增强人际关系的其他方法，同样能够增强人们对爱的体验，并对人的身心健康产生相似的改善作用。我将在本书第二部分与大家分享这些内容。

这些发现促使我重新看待爱。整体来讲，这些发现告诉我，当我们学习那些有助于与他人产生亲密关系的方法时，我们将进入一个全新的动态环境。此处，对于爱的讨论由混乱走向清晰。长期以来引发无数猜想、激动、迷惑、误解的谜团，终于在实用、有据的方法前止步，由此我们能够享受到更加美妙的生活。现在我们知道，充足的爱可以影响人们的成长与改变，让我们更健康、更坚韧。通过追踪你体内改变你为人处世方式的复杂的生物反应链，我们也开始了解爱的运行原理：你的改变也会引起周围其他人的变化。科学不仅揭开了爱的神秘面纱，而且有力地促使你关注爱本身。我会慢慢告诉你爱的滋养力和治愈力是如何深植于你的身体之内、融入你与他人的关系之中的。爱的生物学有着足以令人心生敬畏的复杂性。

在你升级有关爱的看法时，你会更加珍视爱，还会发现爱在你的生活中值得拥有更重要的位置。我的博士生拉娜·卡塔里诺（Lahnna Catalino）和我一起检视了“积极性优先”的效果，该词意指给予积极情绪体验更多的关注。你是否信任积极情绪？是否趋向于拥有积极情绪？是否努力寻求积极情绪并予以珍视？你在选择下一步的行动时是会运用预期良好感觉作为验证标准，还是会把良好的感觉看作细碎、飘忽或微不足道的琐事，将其抛在一边？我们发现，你在学习优先考虑爱和其他积极情绪的过程中将受益良多。更加深入地理解爱，可以令你成长得更快。遵循我在本书第二部分中列出的指导原则，你会化茧成蝶。

这就是我写作本书的原因所在。了解爱的原理会令我们的生活大不相同。爱，能够帮助你优先考虑与他人分享积极情绪，增强你对人性的信心。有了书中关于爱的内在原理的更深层知识，你就能够更有效地进入这一超凡的状态，体会这一状态所固有的美好。科学并非只能给你一块软木板，让你将一只毫无生气的花蝴蝶标本钉在上面；科学还能为你的生活增添光彩，为你描绘一张多彩的多维路线图，让你展开更具活力的生命旅程。这趟旅程中没有妄想、误导、谬论。依循着这张路线图，你就能沿着一条康庄大道走向真实的未来。同时，你生命中的那只花蝴蝶也会展开双翅，自由飞舞。

你需要更多爱的练习

爱到底是什么？爱的表象下藏有什么玄机？爱能创造什么？我们该如何创造更多爱的机会？有关爱的新科学解决了上述所有问题，并且升级了对于爱的认知。在本书第 2 章中，我会详尽检视身体对于爱的定义标准，描绘爱产生的必要前提条件。本书第 3 章则揭示了隐藏在我们身体内的爱的生物学基础，由此你会对爱对于身体健康的重要性有更深入的理解。在第 4 章中，我阐述了爱对身体健康的诸多益处。

本书的第二部分告诉我们如何做出改变。长久以来，你都对擅长建立真诚、坦率关系的人羡慕不已——这些人看起来如此敏锐、机智，具有超强的适应力并且慷慨大方。长久以来，你幻想着“长大成人”能够赋予你这种敏锐与机智。然而年龄——从人呱呱落地即已开始计数的年龄——并不是一个人成熟或智慧的象征。在第 5 章至第 9 章中，我会给出明确的指导，教你如何更频繁、更有效地播下爱的种子，如何为自己并且为他人播下爱的种子。无论面对怎样的艰难险阻，无论你健康与否，你都能成为爱的播种者。之后你会发现，爱不是无从预测、不可捉摸的。若加以练习，你也能够驾轻就熟地激发出爱的力量。爱，会成为一种可以循环利用的资源，供你随时取用，为你和周围人补充幸福的养分。

爱，是至高无上的情感。它在生活中的出现或缺席，都会影响到我们的感、思、行、变。它在我们的身体和思维中不断出现，将我们紧紧纳入社会结构之中。当你拥有爱的体验（与他人真正在心灵、思想、灵魂上相通），你就能发现生活中更多的可能性，向你所重视的关系注入更多的活力，踏上更健康、更幸福、更智慧的人生路。

第 2 章
爱是一种联结

爱，如昙花一现，然时常绽放。

——弗朗索瓦·德·拉罗什富科

在食杂店买完东西结账时，你和收银员因为购物筐中一个笑脸模样的西红柿而会心一笑。

去信箱取信时，你也许碰巧遇上久未见面的邻居，于是停下脚步，打算和他聊上两句。很快，你发现你们已经在热切地分享着彼此都感兴趣的事情。

在公司，你和同事共同努力获得了成功，于是你们相互拥抱，击掌庆祝。

晨跑时，你向身边的跑步者微笑示意，默默地祝福他们一天顺利。

长途旅行归来，你紧紧地拥抱你的家人。

用爱激发心有灵犀的积极共鸣

首先，爱是一种情感，一种让身心和谐的短暂状态。爱与其他情感一样，是一种微妙且多变的力量。谈到积极情绪，爱带给你的内在感觉，从根本上来说是一种愉悦感——就像是在炎热的天气里口渴难耐时，喝下一大杯清凉的白开水。然而，爱不只是让你感觉良好而已。每一个爱的微小瞬间都会像其他积极情绪一样，真正地改变你的心态和思想，拓展你对于周围环境的认知，甚至包括自我的存在感。你和“非你”（其他人、身外之物）不再界限分明，而是彼此融合。沉浸在爱中，你与他人就不再是毫无关系的个体；实际上，这时你会获得真正理解他人的能力。爱，甚至可以让你拥有一种与人联结、与人合一的感觉，以及一种让你进入更高境界的超凡感觉。

然后，一如愤怒、喜悦、悲伤等情绪，这种超凡的、拓展的感觉会慢慢消失。不管这种体验多么美妙，爱的感觉都会转瞬即逝。没有一种情绪可以持久不变，即便是令人愉悦的情绪也不例外。当然，你可以巧妙地让短暂的爱多停留些许时间，也可以在日后的交往中重拾爱的感觉。但度量爱的最佳时间单位是秒与分，而非月或年。爱，是你敞开心扉的珍贵一瞬，而不是左手无名指上那枚贵重的戒指。

我在此谈论的爱也远非狭义的专属之爱，不同于你对配偶或爱人的爱情，甚至超越了你对子女、父母、挚友的爱。爱可以延伸到比我们通常能够接受的范围更广的空间。实际上，一个人无论年轻或年老、热情奔放或矜持内敛、单身一人或成家立业，他都不想被排除在爱的范围之外。毕竟，是爱激活了你与飞机上邻座陌生人之间的无言的纽带，你会向他敞开心扉，认真倾听对方所言；当你们四目相对，你们能够真正地懂得对方，且怀着尊重之情，彼此欣赏。此时，我想起了 20 世纪 60 年代路易斯 · 阿姆斯特朗以忧伤的唱腔演绎的流行全球的抒情曲《美妙世界》（*What a Wonderful World*）：“我看见朋友们握手问好，他们在说‘我爱你’。”

也许与直觉相反，爱比你想象的更具普遍性，爱就是联结。爱，是你在凝视婴儿双眸或与挚友拥别时，内心被牵动的强烈感觉；爱，是当你与一群陌生人一起观看海龟孵化龟卵时，从心底涌上的宠爱之情；爱，是在足球场上随众人欢呼时对共同热爱的球队的支持之情。我想与你分享的有关爱的新理念是：当两个人或者更多人（即便是陌生人）之间因为某种共同的积极情绪（无论温和或强烈）而产生了情感上的联结时，爱就会如鲜花般绽放。

简单地说，当以下 3 个紧密相连的条件同时发生，就会产生爱：其一，你和他人之间具有某种或多种共同的积极情绪；其二，你与这个人的生物化学反应以及行为动作产生了同步效应；其三，你们两人之间具有映射性动机，彼此在意对方，相互关注。

我将这 3 个条件同时发生的情况称为“积极共鸣”。每当人与人之间发生情感关系的时刻到来（同时具有共同的积极情绪、生物行为同步、相互关注等），人们之间就会产生令人振奋的积极共鸣。这种情感联结是短暂的，断开在所难免——这是情绪的正常表现。在短暂的情感联结断开之前，积极能量能够循环往复、自我维持，甚至逐渐增强。

我把积极共鸣比作镜子。这一比喻应该说恰如其分，因为在发生积极共鸣的瞬间，就其本身的定义来说，包括 3 个不同层面一定程度的镜像反映：你与另外一个人彼此都表现出积极情绪，“模仿”对方的姿态与生物化学反应，反映出相互关心的冲动。因此，在产生积极共鸣的时刻，彼此在某种程度上成为对方的映像。当然，照镜子的时候，我们在镜中只能看到自己。试想，你面前的镜子中映射的是另外一个人。在积极共鸣产生之前，你们两人互不相干，只是感受自己的情绪，忙于自己的事情，遵从自己的意愿。但是，在心灵相通的一瞬，你们的感觉、行为和意愿产生了共鸣。仅仅是那么一瞬，你们不再只是自己。这样的一瞬非同寻常，在对自身状态的镜像反射与拓展中，你发现了更多的信息。一种强有力的能量反复穿梭在你们之间，就像是电荷一样。

普通的积极情绪不会产生如此奇妙的共鸣，不会在你身上出现映像。虽然其他积极情绪的力量同样可以拓展思维、激励成长，让你更加睿智、更加灵活，但只有爱才能够在人与人之间产生如此深刻的共鸣。因为在爱的瞬间，你内在的积极性——你的温暖与坦诚和另一个人的温暖与坦诚相互激荡。由于同步的生物化学变化，这种共同的积极情绪会更加明显。你们的身体会同时感受到相同的变化，你们会对彼此表现出关注，比如微笑、靠近、做出充满关切的语言或非语言表达。这是振奋人心的有力瞬间。你的身体生来可以驾驭这种爱的力量，并从中汲取生存的动力。理解他人、产生共鸣的能力，在很大程度上取决于拥有持续不断的积极共鸣，智慧、灵性和健康的获得也遵从此道。

奇怪的是，受西方文化熏陶成长的人大多视情绪为私人问题，并将其囿于个人范畴之内，深陷其中。他们在谈论情绪时所使用的所有格单数形式，暴露了西方人的这一特性。西方人普遍会说“我的担忧”“他的愤怒”“她的兴趣”。依此逻辑，爱似乎只能属于感受到这种情绪的某一个人。以积极共鸣来定义爱，是对这一观点的挑战。爱，在两个人或者更多人之间、在人与人的交往之中传播、往复，因此，爱是将这些人联结在一起的纽带，尽管这种联结不过是昙花一现。在第 3 章中，你会看到爱的生物学原理。爱可以改变你体内与脑中的隐性活动，同时触发另一个人体内与脑中相同的隐性活动。与其他积极情绪相比，爱的独特点在于它一定是属于两个人或多个人之间的共同情感。它产生于人与人的联结之中，超越了个人的界限，在人与人之间传递，甚至能够让社交网络热闹无比，或是唤起一群人的热情。

积极共鸣不是随意产生的。它需要源自特殊思维与行动的特定条件。爱有其先决条件，第一个条件是安全感。如果你感到周围存在威胁或危险，你就不大可能会感受到爱。毕竟，人类的大脑在自然选择的作用下不断进化的结果之一便是对威胁异常敏感。我们体内与生俱来的威胁探测系统甚至在我们的意识感受不到的情况下仍默默地工作。即使你正专注于谈话或倾心享受在树林中奔跑，你还是能够立即发现在路上爬行的蛇。虽然真正能够称得上威胁的情况少之又少，可并非每个人都能以这样的视角看待世界。忍受着焦虑、抑郁、孤独或毫无自尊心之苦的人总是对威胁过度敏感。很不幸，这样的过度敏感状态会阻碍积极情绪与积极共鸣的产生。缺乏安全感是产生爱的第一大障碍。

用有爱的微笑感染他人

爱的第二个先决条件是联结，那种与另外一个人之间短暂的感官联结。与所爱的人分隔两地，你肯定会想方设法地与对方保持联系。你打电话、发电邮、写短信、登录社交网站，而这样做也是很重要的。然而，你的身体毕竟是几千年以来自然选择的产物，它不会仅仅满足于“无语”或是“大笑”等网络表情所传递的抽象的远距离之爱。你的身体渴望得到更多。

当两个人或者多个人“同步”（行动如一、步调一致）的时候，他们就会产生合一感。你与陌生人或是终身伴侣之间，都会产生这种共鸣。当你与另外一个人之间产生了积极共鸣，你们就会彼此模仿对方的姿态与动作，甚至可以默契地说出对方还没有说完的话。此时，你们就产生了合一感。当你与其他人有了特别的共鸣，即便对方只是你刚刚相识的人，你们两人也已经处在同一生物波长上。你的身体与大脑会有同步的生理反应，你和对方的动作也会相互呼应。

真正的联结也是爱的先决条件之一，因此我们才会说世上没有无条件的爱。真正的联结不是抽象的，也不是间接的。它必须实实在在地存在、发生，有血有肉地展开；它需要身体之间真真正正的感觉，哪怕是短暂的，甚至转瞬即逝的。科学家认为感官联结的主要模式应是眼神的交流。其他形式的实时感官交流，无论是身体的接触、声音的交流或对彼此身体姿态和动作的模仿，也能够在人们之间产生联结，有时甚至可以代替眼神交流。不过，眼神交流可能是触发联结与合一的最强力量。

微笑也许是情绪表情中最引人注意的。如果微笑突然从某人的脸上消失，那一定会引起你的注意。这也有可能是一件好事，因为微笑包含着太多含义。比如，你会好奇为什么新同事突然冲你微笑？她的微笑是真诚的还是扬扬自得的？是友善的还是沉浸于自我世界的？她的微笑是出于对你真切的关心还是基本的礼貌？研究人类面部表情的世界顶级科学家保罗·埃克曼认为，人类的微笑大约有50种。鉴于此，我们也就不难理解为什么任何一个微笑都可有诸多解释。此外，不同类型的微笑——友好的、愉快的、盛气凌人的，甚至皮笑肉不笑的微笑之间的差别微乎其微。埃克曼等科学家可以通过审慎的形式推理探查到这些微妙的差异——最常用的方法是借助慢动作视频；而没有经过特殊训练的你只能自己主观地判断同事为什么微笑。但如果你知晓如何辨识微表情，那么它也可以成为你直觉与智慧的强大来源。眼神交流已经被证明至关重要。新的科学证据表明，如果你与同事间缺乏眼神交流，你就很难判断同事微笑背后的真实情感或意图。

眼神交流是打开觉知之门的钥匙。当你与面带微笑的同事四目相对时，她的微笑触发了你大脑回路中的活动，由此，你的大脑、脸部和身体会模仿你从对方那里接收到的情绪。通过这种快速的、下意识的模仿，你可以更多地了解对方微笑背后的感受。有了这种具象化的感觉以及从你体内生发的信息，你会变得更加睿智。比如，你能够更准确地辨别他人出乎意料的微笑背后的意图；你会变得更适应环境，也不再轻易受骗；你凭直觉就能发现同事微笑所表达的情感——她不是在表达友好之情，只是幸灾乐祸而已，她也没有想跟你交流的意思，只是在沾沾自喜。就算认清了并非所有微笑都是真诚的，有些微笑甚至是为了利用你或控制你，你也不必因此而愤世嫉俗。就像我们可以本能地区分有营养的食物和腐败的食物一样，你也可以靠直觉区分真诚微笑的人与虚伪微笑的人。

一旦和他人有了眼神交流，你就会有意识或无意识地揣测，以此指导你的思考和接下来的行动。如果你们没有眼神交流，你就会夸大或忽视他人微笑的友好程度，从而更有可能产生误解、伤心或被人利用，同时，你还会错过许多体验令人振奋的爱的机会。如果你可以通过眼神交流从那些出于礼貌的微笑，或是别有用心、故意吸引你注意的微笑中，甄别出真诚、亲切的微笑，那么爱就是不盲目的。

然而，即使你和周围人的心中都充满了积极情绪，也未必能够产生真正的联结。比如，当你看电影时，你和电影院中的其他人都受到电影传递的积极情绪的感染；当你聆听演讲时，你和邻座的人都为同样的新思想而欢欣鼓舞；当你看电视上播放的喜剧时，你和与你一起观看的家人都为剧情而着迷。然而，空洞的眼神交流、身体接触、开怀大笑或其他形式的行为同步等，只是类似于发展心理学家们所称的“平行游戏”。这些时刻无疑让人感觉良好，其间所产生的积极情绪给你和其他人带来了拓展和构建的诸多益处，但是在这一过程中，你和其他人仍是各忙各的，毫无交流。如果这些情绪不是你与他人之间共同分享的体验，就不会产生共鸣或回响，因此不可称其为“爱”。爱的关键在于人与人之间有某种形式的实际联结。

很明显，通过眼神交流、身体接触、对话交谈或其他形式的行为同步建立起来的实质性感官联结，其本身并不是爱，其中也不蕴含爱的成分。毕竟，即便是牵手，也会变成毫无爱意可言的习惯性动作。然而，如果时机合适，这些行为全都可以成为飞身投入爱的怀抱的跳板。所谓适宜的时机，就是产生积极共鸣的瞬间。

试想我不是在 2011 年 7 月的书房里独自在电脑上写稿，你也不是多年后在地球的某个地方读着我写下的这些文字，而是我们正在面对面地坐在你家附近的一家咖啡馆里，共同探讨书中的这些话题。那么，我们很快就能发现彼此都对人性与人类潜力领域的最新科学成果感兴趣，并就此展开讨论。虽然我本性不善言谈，但这样的谈话很快就会让我活跃起来。我的手势和微笑不仅传达了我对这些思想的热情，也表达了我对于你提出的严谨的问题和例证的欣赏。我跟你步调一致、兴趣相投，并积极回应表明我们正在高效沟通的所有微妙暗示。

在我看来，微笑、点头以及其他表达积极情绪的肢体动作不仅发生在你的身上——当我们四目相对时，所有这些肢体语言与积极情绪我也都真真切切地感受到了。在几毫秒之内，我开始与你产生积极共鸣。这样的情况发生得越多，我就越能体会你的感受，彼此更加欣赏，思想更加契合。在极短时间之内，我的脸上就会流露出这些积极情绪，并通过我的声音与动作传达出来。我们继续对视，你的大脑和身体也会开始出现与我的情绪反应类似的一系列变化，由此“平行模仿”进程便发生在你的身上，积极共鸣就这样在我们之间延展开来。

随着每一个逝去的瞬间，我们两人渐渐有了相同的感受。我们进入同步状态，彼此合拍。当我们的思维活动与生物化学反应逐渐同步、合一，积极共鸣在我们之间建立起联结。此时，我们的心中充满了积极情绪，它们交织于一处，科学家将这种暂时性状态称为“主体间性”。你不妨将这一过程看作电影《星际迷航》（*Star Trek*）中斯波克博士所说的“心灵融合”的简化版。不过，我认为上述两种称谓都太过于强调思想性，缺少对情感层面的认知。更重要的是，在我们的情绪短暂融合的时刻，我们彼此间的情感交流是暖心的、开放的、坦诚的，我们彼此间有着真挚的理解与关心。

有些人会将发生在我们之间的这种共鸣称为“融洽”。然而，我对积极共鸣背后隐藏的科学了解得越多，就越感到“融洽”实际是一种误导——“融洽”听上去不过是某种可有可无、无关紧要的状态，其存在与否，对你的健康没有丝毫影响。考虑到积极共鸣在人类生存中起到的重要作用，可以说，积极共鸣是人类生活品质提升的保证。因此，我才会把这些微小的情感联结称为“爱”，视其为人类至高无上的情感。它们是大部分现代人都摄取不足的基本养分。

那么，微笑代表什么？一直以来，人们都认为微笑揭示了微笑者的内心状态。实际上，当你把微笑看作某种面部表情的时候，你就已经在不知不觉间认同了上述观点——你也认为特定的面部活动无一例外地表露了人类个体不为人所知的情感。与此相对的观点则将关注点转移到了微笑的接收者身上，认为一个人微笑不是因为它表露了微笑者的积极情绪，而是因为它能激发微笑接收者的积极情绪。最近，科学家对这个另类观点进行了进一步的阐述，他们认为微笑能帮助我们下意识地理解（或是本能地感受到）一个人微笑的真实意图。我认为，我们可以将这一论题的关注范围加以扩大，不仅要着眼于微笑者或微笑接收者，还要将双方之间建立起的联结涵盖在内。发自内心的诚挚微笑能够激发两个人之间有力的情感共鸣，这样的状态兼具爱的三大特性：当下共享的某种积极情绪、行动与生物化学反应的同步，以及相互关切。简言之，微笑可以让人产生爱，激发积极共鸣。

爱需要联结。也就是说，当你在独处的状态下，想起你所爱的人，回忆过去曾有的爱的时光，渴望获得更多的爱，甚至是进行慈爱冥想练习或书写一封字里行间溢满情感的情书时，你也不算进入了体验真爱的时刻。当然，你在独处时体会到的这些强烈情感至关重要，对于你的健康和幸福而言也必不可少；然而，你没有与他人共享这些情感，因此缺乏关键的、无可辩驳的共鸣实体部分。共鸣实体的存在，是爱和积极共鸣的密钥。

现在的问题在于，你并没有用足够的时间去与他人建立起这种真正的联结。当代社会日新月异的发展与繁重的工作迫使人们每天都在匆忙中度过，这与情感联结所需的条件背道而驰。每天都要完成更多任务的压力让人备感紧迫，于是大家都为了维持生活而疲于奔命。你随时都在思考下一步的行动：永无穷尽的待办事项清单中的下一项是什么？你需要从谁那里得到什么？你更多地通过电子邮件、手机短信、朋友圈留言和其他各种不需要讲话的方式与他人“交谈”，面对面的沟通方式被抛诸脑后。然而，所有非面对面的方式都无法满足我们的内心对于联结的渴求。爱，需要你全身心地投入，也需要你放慢脚步。

我的小儿子是一个乖孩子，所以我和丈夫可以在他醒着的时候就把他放在婴儿床上，让他自己安然入睡。我们的大儿子则完全不同，我们必须把他抱在怀里，哄他睡觉，而且必须是边走边哄。如果我坐在摇椅里抱着哄他，他就不肯睡觉。在大儿子出生后至少一年的时间里，我和丈夫必须抱着他，在小小的育儿室里走来走去，每次都要花上半个小时或者更长时间才能让他乖乖入睡。小家伙把我们夫妻两人训练得相当有经验：我们知道必须要在他睡熟之后才可以把他放在婴儿床上，否则我们就得再次抱起他，在育儿室里踱步很长时间。

初次为人父母，我和丈夫被养育子女的诸多事情搞得手忙脚乱，克服睡眠不足的问题根本不值一提，哄儿子睡觉慢慢成了令我俩头疼不已的“仪式”。我们都希望能够快点儿逃离昏暗的育儿室，以便清洗堆积如山的碗碟和衣服、收发电邮、完成手上的一些工作，或是干脆直接扑到床上倒头大睡。后来，我丈夫偶然发现了一个好办法，改变了这一切——他在哄儿子睡觉的时候不再神游他处，而是试着去享受做个好爸爸的温馨时光。他悉心关注儿子的心跳和呼吸，感受怀中这个小家伙的温暖和存在，还有他淡淡的婴儿香。这样一来，我丈夫把为人父母必须做的一件琐事变成了一个又一个爱的时刻。他把这个秘密与我分享之后，我们越来越享受哄儿子睡觉的过程，而且小家伙也能更快地入睡。现在回想起来，刚开始的时候，我和丈夫在对待哄儿子睡觉的问题上，其实是心不在焉的。我确信婴儿能够感知父母外在行动与内心想法的不一致。在这个例子中，我们最初的"行思不一"阻碍了我们享受亲子之间积极共鸣的乐趣与益处。

现在，我的两个儿子分别为 12 岁和 9 岁，他们的"睡前仪式"也伴随着他们的成长有了相应的变化。孩子们的学校离我家不到 1 英里①，我和丈夫会利用走路送孩子上学的机会多跟他们亲近。每天，我们都要快速步行送孩子去上学，其实我们完全可以开车送他们到学校，但我们都知道步行的诸多益处：有益身心，还能保护环境。然而，步行的另一个益处——可以改善我们与孩子之间的关系——却经常被忽略。步行为我们与孩子之间每日需要的情感联结提供了充足的时间、真正的陪伴，以及共享的运动。当然，如果你心不在焉，脑海里一直想着头条新闻、电子邮件、朋友圈留言，而不是身边同行的孩子，那么步行对于建立父母与子女间的情感联结将毫无作用。当你真

① 1 英里 ≈1.6 千米。——译者注

心享受当下的时刻，体会内心的感觉，与其他人产生共鸣，爱才会生发。糟糕的是，如果你更在意的是科技、待办事项清单和大众媒体，而非日常生活中独特且不凡的人类个体，那么你就会错过很多爱。

你的身体知道爱

随便关注一下世界新闻，你都会感到我们比过去更焦虑、更好斗、更贪婪，而且我们也被逐年增多的压力、超重问题和慢性疾病所困扰。目前，美国儿童的预期寿命较其父辈实际上有所降低，这是几个世纪以来第一次出现这样的情况。我不禁想，有多少疾病其实源自我们对“我们是谁”以及“我们是如何走到这一步的”的集体性否认？

与其他生物一样，我们都是细胞的集合体。细胞的构成、运行、生长，以及直至我们生命最后一刻方才停止的新陈代谢，都反映了我们 DNA 中与生俱来的人类密码。虽然人类是独一无二的高智慧动物，但是我们毕竟还是动物。我们有时会忘掉这个基本事实，沉迷于周围繁荣、喧嚣的世界，却忽略了我们的动物本性。你忘记了自己（以及其他人类）是如何走到今天的，也忘记了人类作为一个族群如何一步步陷入了这个混乱与不堪重负的泥淖。我们继承了这个世界，也将把这个世界交给我们的后人。

人类的细胞发展史也是一部适应与变更史。这个适应的过程既快又慢。所谓“快”，是指你的行为可以很快适应周围不断变化的环境——你会远离危险，寻找机会。危险与机会交替出现，于是你的身体开始对此有所预判。比如，春季是可以光脚走路的大好时节。当你抓住了这个时机，脚底就会生出厚厚的老茧，保护你的脚不受伤害。同时，由于活动量增加，你会变得苗条，新陈代谢随之加快。所谓“慢”，是指引导你对危险、机遇做出反应与相应生理调整的智慧历经了千年，才在达尔文自然法则精巧的雕琢之下慢慢成形。人类的动物先祖通过快速反应与行动保存性命。因此，恐惧、愤怒、厌恶以及其他消极情绪得以代代相传。同时，人类先祖的随机行动增强了他们的智慧储备，他们能借此感知潜在威胁，从而得以生存下来，并成功地养育后代。因此，爱与其他积极情绪得以世代延续。

人类先祖的“智慧工具包”中有各种救命工具。其中，他们反复使用的一种工具就是强有力的关系联结。他们与对种族生存至关重要的人——伙伴、亲属以及社群成员——共同建立了这种联结。这些联结对象都是可以信任的人，也是具有不可抵挡的吸引力的人。没有了联结，远古的人类便会早早死去或无法繁衍生息。

既然联结决定着人类先祖的生与死，建立联结的种种机会因此就变得至关重要。这些机会出现在产生联结的安全时刻，就像行走会促进老茧的生成、提高新陈代谢的水平一样，你在联结中对他人产生的良好感觉触发了内在的生物化学反应，这些反应又重塑了你看待他人的方式，让你觉得他人充满魅力。那些受到此种诱惑、反复进入积极共鸣时刻的远古人类由此建立起更多的联结。正是因为他们的 DNA 仍然留在你的细胞之中，因此才形成了你的智慧。爱，是人类进化的产物。从这个角度来看，你就是为爱而生的。

也就是说，你无须经由亲身经历去学习每一种爱。自从呱呱坠地的那一刻起，你的身体就已经知道如何寻求爱、激发爱，如何从爱中获得快乐与支持。你与他人之间短暂却反复出现的积极共鸣累积成为各种联结关系，它们支撑着你的生命，让你能够活在当下，并且阅读我写的这些文字。

人类文化的发展促使你忽视自己的动物本质，并远离动物——无论是时而快乐玩耍、时而挤作一团安然入睡的老鼠幼崽，还是在热带草原上互相舔舐的斑马。不过，因触碰和相互关心而生发出的原始的、动物之间的爱，仍然留存在你的身上与你的细胞里。你对于积极共鸣的渴求来自心底深处对爱的渴望，这种渴望在人类身上达到了极致。凭借人类独有的交流方式，你可以用诗歌安抚爱人，或让他陶醉在歌曲与舞蹈的韵律中。与老鼠幼崽或斑马相比，你拥有更多可以激发联结的资源，但你们对爱的渴求是相同的。抱着这种想法，你就能够忽略许多争吵、烦恼、贪婪与恐惧，发现并抓住令人兴奋的产生积极共鸣的时机。科学研究证明，当你与你的身体对爱的定义协调一致时，你体内的细胞就会感知到这一信息，保护你免受疾病侵扰，让你更加健康、更有活力。

我们每天面对的世界都是有喜有忧的。在大自然的雕琢之下，你的身体完全能够应对这个复杂的世界——抵御真正的威胁，找到并创造给予你爱的滋养的美妙时刻；这样的时刻不仅存在于你与你的伴侣和亲人之间，还会发生在你与家庭圈子之外的他人之间。毕竟，相比历史上其他任何时期而言，目前你所处的社会环境令你的基因的存活更多地取决于你能否与陌生人分享彼此的爱，共同建立情感联结。

尽情享受亲密之爱

“爱是光彩夺目的瑰宝。”这句经典名言无比贴切，因为爱可以源自任何一种积极情绪——快乐、平静、感恩，而且爱的“合作对象”不胜枚举，他们可以是你的姐妹、知己、刚刚出生的小宝贝、邻居，甚至是从未谋面的陌生人。即便你与另外一个人语言不通，你们仍会找到很多相似之处。抛开大脑损伤或有精神疾病的人不谈，我们大都具有相同的神经系统与内分泌系统，这使得积极共鸣的产生成为可能。因此，爱在任何人之间都有可能发生。

在积极共鸣的层面上，爱是相同的：无论是发生在你与陌生人或灵魂伴侣之间的爱，还是在你与婴儿或好友之间的爱，爱与爱之间没有本质区别。你与亲密之人之间的爱和你与其他人之间的爱，两者明显的区别在于频率问题。相处时刻累积得越多，你能够感受到积极共鸣的机会也就越多。这些机会改变着你：让你与陌生人之间不断建立新的联结，把熟人升级为朋友，甚至将你最珍视的关系变得更亲密。每一个积极共鸣都将你更紧密地纳入由社群、关系网与家庭组成的社会结构之中。

尽管无论爱的对象是谁，积极共鸣在联结对象的体内与脑中产生的生物性同步都是相似的，但是引发爱的微小瞬间的诱因却因和对方亲密与否而大相径庭。亲密的标志性特征是相互响应，是一种你和你的灵魂伴侣或挚友之间彼此理解的感受。这意味着你们在交流互动的时候，对彼此的内在想法都已透彻了解，由此能够体贴周到地为对方着想。亲密是一种让人觉得安全、可以抚慰人心的感觉。你知道对方真正了解你、欣赏你，因此在他面前身心能够彻底放松，解除所有的戒备。你们相互信任，对彼此的忠诚也能使这样的信任加深，而且你们能对彼此敞开心扉。换作他人，情况可能未必如此。

在亲密的安全感之中，爱会在最不经意的时候闪现。十多年前，我和家人住在另一个城市。有一天，我和丈夫开车去社区附近的一家商店，这家商店我之前只去过一两次。我把车开到了这家商店的后面，向左转弯，我以为那边是商店的后门，想绕过停车场到商店的前门。可那里根本不是商店的入口，只是一条很短的石子小路，而且前方根本没有路。我把车停下来，看着远处的商店发呆。我肯定我只是发了几秒钟的呆而已，但我丈夫杰夫觉得很有趣。他打趣道："你在石子路上卡住了？"然后，我们两人因为我当时呆滞的反应大笑。从那之后，杰夫总是在我对突发情况感到不知所措的时候用这句话打趣我。杰夫清楚，突发情况会让我像是一只看见了车灯的小鹿一样慌乱不已。不过，他既没有把这种反应当成我性格上的缺陷，也没有为此感到恼火或对我横加指责——他把这种情况当成只有我们俩才懂的小玩笑，而且就像能够"点石成金"的魔法师，他把这种困境变成了表达爱意的微小瞬间。爱，不仅让我快速恢复到正常状态，采取了相应的行动，也拉近了我和杰夫之间的关系。

这个例子同时指出了另一个事实：只有亲密的人才能与你共享过去的经历。2012 年年初，我和一个读研究生时的同学在参加完某个会议后一起乘坐出租车回酒店，这是毕业近 10 年来我们首次见面。虽然多年未见，我们坐上车没过几分钟就开始畅谈，回忆上学时说过的蠢话、做过的蠢事。在前往酒店的这段时间里，我们仿佛又回到了 20 世纪 80 年代末一起度过的快乐时光。道别时，我们抹去了笑出的眼泪，憧憬着再次见面的各种情景。

你的亲密伙伴不仅会与你产生经常性的联结，也与你拥有共同的过去，让你感到安全、可信、可以对他们敞开心扉。你与一个人彼此之间越信任、越坦诚相待，就会产生越多的情感联结。

尽情享受天伦之爱

心底深处的相互理解与关切催生了一个又一个有关爱的微小瞬间，这一事实使我们在重视理解与关切的同时不禁思考：新生儿是否具有这样的能力，也能真正融入爱中？（大多数）父母都爱他们的小宝宝，但这些初降人世的婴儿是不是也能够真正回应父母的爱？新生儿的能力有限，他们该如何生成爱所要求的对他人忘我的关注？其实，新生儿根本无须费力。胎儿期正常发育的新生儿生来便渴求与慈爱的成年人产生联结，从而面对这个世界。他们寻求着和父母的眼神交流、身体接触，甚至在最大限度上保持着与成年人的动作同步。我历来是一个经验主义者，因此在大儿子出生后几分钟，我便立刻亲身验证了上述论断。我把他抱在怀中，我们四目相对。我对他吐了吐舌头，小家伙很快也做出了与我相同的动作。3 年后，当小儿子出生时，我再次验证，结果相同。这两次母子同步的时刻都被我的丈夫拍摄了下来，定格为永恒的瞬间。

用积极共鸣重新定义爱之后，我们很容易发现婴儿与积极做出反应的看护者之间拥有很多爱的微小瞬间。发展学研究显示，婴儿与看护者之间的悉心、专注的互动对于正常的人类发展至关重要。我们将在第 3 章中看到，婴儿与看护者行为同步，其影响程度远远甚于可见的行为层面，这种同步还能协调生物同步。婴儿依赖于积极共鸣，我们成年人也一样。与婴儿一样，成年人也需要爱的滋养。积极共鸣是生命成长必需的养分。

那些出于各种原因被剥夺了享有积极共鸣机会的婴儿让人心痛。可悲的是，不是所有的孩子都能得到他们所需的爱的滋养，有些孩子的基本生活得到了保障——有地方住、有东西吃、有衣服穿等，但他们却很少有与他人分享积极情绪的体验。研究显示，儿童的成长过程中若缺乏爱，就会影响他们各个方面的发育，比如认知能力、社交能力、健康状况。一个极端的案例是，一群罗马尼亚孤儿在年幼时遭受了情感漠视，这在他们的一生中投下了深深的阴影，对他们造成了严重、普遍的心理影响。即便是那些后来由充满爱心的西方家庭领养的罗马尼亚孤儿，其成长中出现的问题也会持续几十年。然而，更加普遍且尖锐的问题是，在普通家庭甚至是富裕家庭中出现的无意识情感漠视。

此类情感漠视的主要根源之一是父母的抑郁情绪，约有 10%~12% 的新生儿妈妈会受到产后抑郁症的困扰。其实，这一问题也困扰着初为人父者或其他婴儿看护者。抑郁一般被视为积极情绪系统紊乱，就像是一块扔在微弱火堆上厚重潮湿的毛毯，熄灭了积极情绪与积极共鸣的火花，压抑了人们的情感体验。你是否体会过在牙科诊所拍 X 线片前穿上铅制防护服的感觉？再想象一下你所有的衣服都是这种质地，这会让你的行动变得多么迟缓不便？当你感到抑郁时，你最大的愿望应该就是独自蜷缩在床上睡觉。试想，一个人在这样一种情绪状态下还要照顾一个新生儿，会发生什么？当然，他们也能够完成换尿布、喂水、喂奶这样的基本活动。然而，研究显示，处于抑郁状态的婴儿看护者无法做到与婴儿的行为同步，抑郁的症状削弱了看护者的肢体语言以及语言表达能力。对于接受照顾的婴儿来说，这样的情绪会直接转换为其与看护者之间的行为联系减少、可预测性降低。即使婴儿与看护者之间产生了情感共鸣，这种共鸣中也不含有任何积极性因素，它是消极共鸣，比如愤怒或冷漠等。因此，抑郁不仅会阻碍当事人体会、表达积极情绪，同时还会妨碍他与被看护婴儿之间产生情感联结（即便这些婴儿还不会说话）。缺乏积极情绪与情感联结这两大支撑，你与婴儿都需要的积极共鸣根本无从发生。

发展学家已经充分归纳出了缺乏爱对儿童发育的不利影响，比如：长期缺乏爱会导致儿童在进入青春期甚至在以后更长的时间内，在符号使用以及其他形式的认知推理方面存在缺陷；缺乏爱的孩子理解能力较差，这会严重影响其与他人建立有益的社会联系。总体来说，婴儿与看护者之间的行为同步为孩子的自我调节能力发展搭建了平台，为他们提供了控制和疏导自身情绪、注意力与行为的工具，这对于孩子生长发育的各个方面都至关重要。

在充满爱的环境中长大的孩子与他们的看护者之间不断产生积极共鸣，这会让他们受益终生；那些转瞬即逝的爱的时刻所包含的巨大价值也由此显现无遗。虽然你与亲近的人分享的充满爱意的瞬间肯定不同于婴儿和看护者间的爱，但关于婴儿的研究充分显示，爱几乎不需要对他人有深入或全面的了解。即便你与某个人没有共同的经历，任何一个引发你们积极共鸣的瞬间都对你们的健康有益，让你们活力满满。有关成功婚姻的研究也证明了这一点。如果夫妻二人经常花些时间一起做点儿新鲜事，比如徒步、滑雪、跳舞、听音乐会、看演出，他们的婚姻会更加美满，共同的活动能源源不断地让他们产生积极共鸣。不过，亲密和共同的经历并不是两人一起远足的必要条件。

用爱的约定与承诺经营感情

爱，并非你所想。爱，肯定也非我所想。爱，会在两个人或者更多人分享某种积极情绪、发生情感联结的时刻迸发出来。比如，我说“我爱我丈夫杰夫”，这句话有什么含义呢？这意味着我曾在 18 年以前爱上了他。因为对他的爱，我改变了自己对婚姻的固有看法，走进婚姻生活。我曾认为爱应该经久不变、稳如磐石，维系着我与杰夫之间的关系。当然，今天，我们之间那种经久不变、稳如磐石的力量仍在；然而，在升级对爱的看法之后，我发现那种有力的联结并不是爱本身，而是杰夫与我共同的约定——那就是我们二人要对彼此忠诚与信任的承诺。

这样的约定与承诺铸就了我们之间稳定恒久的安全感，让我们可以经常耕耘爱的土壤。既然我们已经明确了爱是一种积极共鸣，是让杰夫和我之间的联结更加健康的丰富情感，那么我们就不会再把我们之间的爱视为理所当然，觉得那不过是婚姻关系的一个属性。这个新观点给了我们启示：爱需要我们在每个清晨、午后、傍晚，不断地精心培育。把爱视为积极共鸣，会推动我们寻求温暖的拥抱，或是分享某个激动人心或略带傻气的想法。我们用这些“小动作”播种下更多爱的种子，从而滋养我们的身心，也让我们的婚姻关系更加稳固。

接下来是一个让人很难承认的事实：如果我从身体的角度来判断何谓爱，那么此时此刻，就在我写下这个句子的时候，我并不爱我的丈夫。毕竟，只有在我们彼此关注的时候，我们之间才会产生积极共鸣。言系永驻，爱却倏忽。除非此刻你正依偎着某个人，把这些语句大声地读给他听，否则你的身体会向你表明，在当下，你不爱任何人。当然，你对很多人怀有爱意，甚至与某个人有誓约的牵绊。你也可能体会到强烈的积极情绪，留待日后激发真正的爱。但就当下而言——在你读这句话的此时此刻，你的身体并没有感受到爱。

此外，如你所见，爱臣服于条件。如果你没有安全感，或者没有时间也没有条件真正地与他人产生情感联结，那么精妙的积极共鸣就不会产生。除去这些障碍，还有一些更加隐蔽的因素也会将你与爱隔绝开来——那就是你对“爱”这个词本身的反应。尽管你可能已经对积极共鸣这个概念着了迷，但若真的付诸实践，你可能还是拿不准能不能将这种感觉称为爱。你可能还是更愿意把这个感情色彩强烈的词汇用来描述那些专属的关系（你与配偶、父母或是子女的关系），或者用来描述你在这些专属关系中感受到积极共鸣的微小瞬间。我对爱的某些描述也许还会让你逡巡不前：“我能否把与同事之间发生的积极情感联结称为爱？我刚刚与那个陌生人相视而笑，那也是爱？”用“爱”这个词来描述此类的情感联结，会让你觉得尴尬、无法接受。你宁愿不用“爱”去定义它们。为什么不能说你们“相处融洽”或者“很喜欢有彼此相伴”？把这些非专属性的情感称作“爱”，真的有益处吗？

是的，我确实这样认为。相关科学研究发现，为我们提供了全新的视野，让我们得以重新看待自己生活的世界以及自身的健康、幸福和智慧。从新的视角看世界，你会看到不曾见过的风景。与同事和陌生人之间再普通不过的日常交往，现在则闪耀着光芒，从而为你和他人激发情感联结，帮助你们成长并保持健康。你会看到爱在整个社交网络中产生的强大连锁反应。你会帮助每一个感知到积极共鸣的人不断成长，而这些人也会通过接触他人，让他人得以提升。这些新视角甚至会改变你对亲朋好友间亲密关系的看法。现在，你已能够注意到那些擦肩而过却能产生积极共鸣的爱，你也深知如何建立情感联结，珍视所爱之人。当人们越来越多地面对地理空间上的转换，以及由此产生的与亲友之间的距离时，将爱与长期关系区分开来就显得更重要了。在短暂的瞬间爱上更多的人，会给予孤独者新的希望。我希望你能够升级对爱的定义。

我并不担心使用“爱”这个字眼所面临的阻力，毕竟，字词的选择不是问题的关键。重要的是，你在积极共鸣发生的时候，能够一眼将其认出，而且能够发现产生此类共鸣的无数机会。通过不断的练习与积累，你能够主动出击，寻找积极共鸣。在后面的篇幅中，我会用一整章讲述爱的生物学，希望你能更深切地理解你的身体是多么需要爱、渴望爱，而且我们生来就将这种赋予万物生命的联结作为食粮。

第3章
爱是一个整体

灵魂应该始终整装待发，准备好迎接奇妙的历程。

——艾米莉·狄金森

我们轻易地就将“身体”视为一个名词、一件事物，在西方文化中更是如此。身体具有生命力，不过你对它仍然像你对你能看到、触碰到的其他实体一样——你通常会用自然特征来描述，比如身高、体重、肤色、年龄之类。照片可以很好地体现此类特性。当然，5年后再看现在的照片，你会觉得时间流逝得太快。5年后的你身体特征可能会有些许改变，比如，你可能会矮一些、胖一些，或者看上去老一些。不过，想到每天的身体状况基本保持不变，你还是会感到心安。

然而，古代东方的哲人提醒我们，不变只是一种幻象，是思想玩的把戏。变化才是公理，世上唯一不变的就是变化本身。这条法则适用于所有事物，特别是有生命力的东西。就其本质来说，有生命力的东西会随着环境的变化而不断改变以适应环境。就像植物从黎明到傍晚一直向着阳光的方向，你每一次姿势的改变、每一种情绪的变化，甚至是每一次呼吸，都会令你的心理活动有所不同。由此看来，你的身体更像一个动词，而非名词：它不断变化、传达信息；它产生联结又进行建构；它平稳又活跃。照片无法抓住这些永不停驻且大部分不为人所见的变化的瞬间，你需要影像的记录。科学家越来越多地去捕捉人类体内发生的各种动态变化。确实，科学家需要了解形式与功能、解剖学与生理学、名词与动词。然而，当涉及爱这个问题，动词便成为主导。积极共鸣存在于人的行为动作中、情绪里、联结内。它就像汹涌的海浪，涨潮之后即会退去。你需要有一双善于发现这种潮汐变化的眼睛，这样你才能完全领会爱的生物学真谛。

我从神经科学领军人物斯蒂芬·波吉斯（Stephen Porges）所说的社会参与体系中受到启发，把爱的生物学也描述为一种体系，一个由多个关联部分构成的整体。你可以把爱或积极共鸣看作每日上演的戏剧中较为复杂、反复出现的场次之一，这些日常上演的戏剧又是你的“生命大戏”的一部分。就像戏剧中的任何一个场次，爱的剧目也有其角色阵容。这里，我要特别推出 3 个生物学的主要角色：大脑，催产素（一种在大脑和身体内循环的特殊激素），以及迷走神经（第十对脑神经，它自脑干深处向下延伸至心脏、肺及其他内脏器官）。生物学舞台上的其他角色当然也是各司其职，不过上述 3 个角色是爱的生物学中最主要的角色。

虽然这 3 个主要角色总是站在舞台上，但它们只是安静地念诵台词，通常完全处于你的意识之外。在日常生活中，这 3 个生物学角色——大脑、催产素和迷走神经——无时无刻不对周围场景的变化做出反应。当你与一个又一个人沟通时，上述 3 个生物学角色便会敦促你给予他人更多关注，并在可能的时候增强彼此的联结。它们悄然塑造了你的动机与行为，不过，它们的行动最终会增强你的人际关系，将你更紧密地纳入社会关系网中。接下来，我会分别阐述这 3 个主要的生物学角色，帮助你看清它们各自如何创造和支持你的身体所渴求的积极共鸣，正是这些共鸣令你的生活变得充满生机。

理解与懂得是爱的基础

当你与另一个人产生真正的联结时，爱会在你们之间产生。就在你感受到积极共鸣的瞬间，你的大脑与另一个人的大脑发生了同步联结。在每一个产生爱的瞬间，你们都处于相同的波长之上。由于你们的脑电波相互呼应，随着时间的推移，你们将改变对方的想法。

至少我是这么向你描述的。然而，你如何清楚地知道上述情况实实在在地发生了？毕竟，你无法看到大脑同步的状况。面对两个正在聊天的人，你需要找到某种方式了解他们的大脑活动，这样才能判断出他们的大脑活动是否真正同步，以及他们是否真正合拍。只有通过此类 X 射线式的观察，你才能够判定爱到底是单人行动——只存在于感受到爱的个体范围之内，还是两人或多人共同谱出的双人舞曲或奏鸣曲。这种 X 射线式的观察听上去就像是科幻小说中的情节。

不过，把科幻小说转变为科学事实，正是科学家和工程师最爱做的事情。普林斯顿大学神经科学家乌里·哈森（Uri Hasson）的突破性研究即为此例。他和自己的工作团队找到了对于人们谈话过程中产生的大脑联结的多种测量方法。然而，他们也遇到了巨大的困难。首先，大脑扫描仪这种机器噪声很大，受试者无法进行真正意义上的谈话。其次，这些机器价格不菲，购买、使用机器的成本都非常高。因此，几乎所有的大脑成像研究每次都只是扫描一个人的大脑活动。借助巧妙的工程学及算术逻辑运算，哈森的团队解决了上述两个问题。他们发明了一种定制光学话筒，它既能屏蔽掉扫描仪的噪声，又不会扰乱研究小组捕捉微弱的脑电波信号。算术逻辑运算的功劳在于通过时间上的先后设计，模仿人们自然谈话的过程。

设想一下，上周你被困在了机场，你要乘坐的飞往迈阿密的航班延误了几个小时。当看书、上网都变得十分无聊时，你开始和旁边同样被困在机场的乘客闲谈。你的邻座是个活泼的年轻女学生，她要回家度假。你们愉快地聊了起来，不时有眼神交流，彼此相视微笑。你们之间的谈话非常自然，就像你们是老朋友一样。她开始跟你聊起疯狂的高中毕业舞会，还说起一不小心约了两个舞伴的细节。在潜水一整天之后，她只剩下 5 分钟的时间匆忙打扮，然后直奔舞会。舞会在凌晨结束，她开男友的车又去参加了之后的狂欢活动，却在路上出了事故。但她很幸运，没有收到罚单（或是被捕），虽然有一个警察目睹了事故的全过程。她的讲述非常精彩，你被她的话深深吸引住。15 分钟的时间就这样悄然逝去，她与你分享了那个倒霉的舞会之夜发生的所有事情。很明显，你们两个人都很享受在等待航班过程中聊天的时刻，这比独自看书要好得多。

那么，现在来变换一下场景设置：这样的谈话不是发生在某个机场的候机大厅里，而是在普林斯顿大学的大脑成像实验室里。你也不是和萍水相逢的人并排而坐，悉心交谈。哈森的团队已在几周前邀请她到实验室来，将她对毕业舞会的讲述录了音，同时使用功能性磁共振成像（fMRI）扫描了她的大脑活动。现在，你只需要戴一副新奇的耳机，听听那段录音，哈森团队的大脑扫描仪就会记录下你的大脑活动。在你的大脑接受了扫描之后，研究团队会要你尽可能详细地复述听到的内容。考虑到你是间接听了一段很长的录音，所以复述可能会花一些时间。

之后，哈森的团队会观察你的大脑活动对故事讲述者大脑活动的镜像反射程度。他们不辞辛劳地将你们两人大脑的每个特定区域进行匹配，锁定你们各自的扫描时间，寻找“耦合”部分，或是你们的大脑在空间与时间上发生同步的程度。

研究证明，你们两人的大脑耦合程度之高令人惊叹。也就是说，与他人交谈以及倾听他人的讲述似乎在同一个时间点激活了几乎完全相同的大脑活动。请注意，即便你的新朋友很会讲故事，这仍然是一次相当不自然的谈话。你们两人在相隔几天分别接受了大脑扫描——实际上你们从未看到彼此的动作，没有眼神交流，甚至没有讲话的机会。你只是戴上耳机听着她讲故事的录音。如果你们两人并排坐在机场候机大厅里进行真正的互动谈话，那么实时产生的大脑耦合时刻可能会更多。然而，由于声音能够传达丰富的情感，听到他人的声音也是感官产生暂时性联结的重要渠道。与此形成对比的是，如果你们两人间的联结被进一步削弱，比如你只是以自己的节奏和语调读出她的故事，或仅仅是像我前文所述的那样间接听到她的故事，那么你们两人大脑耦合的程度会非常低。

不要去管那些孤立的镜像神经元。所谓的镜像神经元，是指由意大利神经生理学家发现的某种微观大脑区域。当猴子去拿香蕉或者看到人类去拿香蕉的时候，这个区域都会被激活。镜像神经元的发现是一个重大突破，它显示出你做出某种动作时所产生的大脑反应与你看到他人做出相同动作时所产生的大脑反应远比我们此前认为的更为相似。这就意味着，你之所以了解某些事情（比如为什么刚走进办公室的那个人在微笑），是因为你的大脑与身体从那个人的角度出发进行了模仿。你的了解不只是抽象的、概念化的，而且是具象的、实体性的。不过，现在看来，孤立的镜像神经元不过是尚未见全貌的冰山一角。哈森及其团队所揭示的是神经元耦合程度远大于此前人们所设想的。与他人真正的合拍并非发生在孤立的一两个大脑区域之间，而像是在镶满了镜子的房间中进行的整个大脑的“舞蹈”——你们两人之间的镜像反射是深入且广泛的。

在实验中，你不是唯一一个听到这个新朋友毕业舞会故事的人。哈森团队还邀请了另外 10 个人听相同的录音，同时扫描他们的大脑活动。虽然你认真倾听了故事中的每个细节，但是其他听众却并非像你这样认真。其中的区别在稍后进行的复述环节中得以显现。哈森团队将每个听众复述的内容与原始录音进行比较，按照相似程度将整组听众对录音的理解程度进行排序。理解不同反映了沟通的成败——信息由故事讲述者的大脑向你和其他听众的大脑传递的完整程度。哈森团队发现，讲述者与聆听者之间沟通的成功程度，预示了两者间的大脑耦合程度，而且准确度惊人。

大部分的情况下，就多数大脑区域而言，聆听者的大脑对于讲述者大脑的镜像反射有 1~3 秒的短时滞后。这很有道理，毕竟讲述者才是这支沟通舞蹈的领舞，故事是她的故事，而且她先于你和其他聆听者选择了讲述故事的方式和语言。然而，在另外一些情况下，这支讲述者与聆听者之间的双人舞几乎没有任何时差——每个人大脑活动中的变化几乎同步发生。不过，这样的情况因人而异。回想一下，你比其他人都能更好地抓住新朋友讲述故事的要义。你注意倾听每一个词语，抓住每一个细节，甚至是那些微不足道之处。你能够更加完整地理解新朋友的故事，与此同时，一件非凡的事也在发生：在你大脑皮层的若干区域，你的大脑活动实际上已经提前几秒钟对讲述者的大脑活动做出了预测。由此可见，良好的沟通不只包括交谈默契，还包括提前预测。一旦你与新朋友产生了大脑活动同步，享受与她相处、听她讲述的过程，那么你就能够预测到她下一句会说什么或如何说出口——你的大脑甚至能够预测到她接下来的大脑活动。

哈森认为，我们通过大脑耦合来实现彼此间的理解。他甚至进一步阐明，耦合是思想的真正汇合，是两个人的大脑做出的同一个举动。考虑到爱的积极共鸣，我发现最有趣的部分在于，哈森的研究显示，大脑中出现耦合的一个重要部分为脑岛，该部分与有意识的感觉相关。证据显示，当两个人的脑岛在良好的沟通过程中发生同步活动时，他们的大脑中都会产生某种单一且能共享的情感。实际上，哈森及其团队的其他研究显示，人们在兴奋的时候，大脑更容易进入同步状态。由此，神经耦合或者说对他人的真正理解，在人们分享相同情绪时出现的可能性更大。较之普通的沟通交流，爱的微小瞬间的独特点在于，它必然是由这样一种两人大脑同步进行的单一行动所构成。情绪共享、大脑同步、相互理解，这些情况会同时出现，而相互理解与相互关心只有一步之遥。一旦两个人理解了对方，在任何一个时刻都真正地明白彼此，那么，相互关心的行为和举动就会下意识地表现出来。

在日常生活中，你自然会经历不同的场景。当然，每个场景都有自己的剧本。也许一天当中的大部分时光，你只是专注于自己的想法与计划，且无视周围人的存在或感受。这时，你的大脑都在自行其是。然而，在那些你与他人发生积极共鸣的罕有时刻，你们会分享愉悦、欢乐、共同的激情或是动人的故事；此时，你将与他人产生联结，对身边的人真心关注、殷切关怀。当你们的大脑成为一个整体，步调一致、行动如一时，你自然会与他人感同身受。

诸如此类的神经耦合都是合一性的生物学表现。研究已经显示，当你处于积极情绪中时，你的意识会由通常的关注点——“我”，拓展至更加普遍的焦点——“我们”。当你感觉糟糕时，比如感到恐惧、焦虑或者愤怒的时候，你会感觉即便是最好的朋友也似乎离你很远或是与你有隔阂。当你没有什么特殊感觉的时候，情形也是如此。然而，当你感觉良好的时候，情况就会因此而改变。在积极情绪的影响下，你的感觉会发生拓展，更大程度上将其他人纳入其中。在你心情愉悦的时候，最好的朋友就像你的外延部分。

哈森的研究暗示，当你与他人分享你的积极情绪时，当你带着这种拓展感去体验积极共鸣时，你自己的身体也会发生变化，这种变化在大脑活动中有明显体现。真正的共情所包含的情感理解会令你和你关注的对象产生一致的大脑活动。中国台湾的科学家进行了另外一项有力的大脑成像研究，该研究揭示了神经元层面上的自我–他人重叠。设想你就是该研究的受试者。当你在接受功能性磁共振成像大脑扫描仪的扫描时，研究人员会给你看一些场景短片，让你想象自己处于这些场景之中的情形。有些场景描绘的是痛苦情形，比如重物砸在脚趾上或是手指被门夹到。大脑成像图显示，与想象没有痛苦的普通场景相比，想象自己身处上述的痛苦情形之中，会激活与感知痛苦相关的大脑区域，包括与有意识感觉相关的脑岛。稍后，当研究人员要求你想象这些痛苦情形发生在你的配偶、好友或是子女身上时，你的大脑中的上述区域同样会被激活。大体说来，你所爱之人的痛苦就是你的痛苦。与此形成对比的是，当你想象这些痛苦情形发生在某个陌生人身上时，大脑成像图显示出不同的结果：在脑岛部分几乎没有出现被激活的迹象，激活更多出现在负责区分自我与他人并将自我与他人剥离的大脑区域，这些区域同时会积极抑制或控制情绪，似乎是要防止他人把痛苦传递给你。在假想痛苦的实验中，你在想象自己经受痛苦时和在想象所爱的人经受痛苦时的大脑活动几乎没有任何区别。

中国台湾的研究团队将“爱”定义为一种持久的亲密关系（为了

更便于理解，我将此种关系称为“约定”），而普林斯顿大学的哈森团队则指明，如果能够真正敞开心扉，神经同步与重叠同样可以发生在陌生人之间。事实证明，大脑之间的积极共鸣只要有感情的联结即可产生，而无须有某种特殊约定所伴有的亲密感或共同的经历。即便如此，假想痛苦实验所揭示的显著差异（想象所爱的人遭受痛苦与想象陌生人遭受痛苦时的不同），凸显了克制情绪以及自我保护虽然有时不可缺少，但也会成为积极共鸣产生的障碍。我们接下来会看到，与他人产生积极联结的各种机会，不仅取决于神经同步，也有赖于催产素。

用爱打造持久的精神慰藉

虽然有人将催产素戏称为“拥抱激素”或者“爱情激素”，但准确地说，它其实是一种神经肽。这种激素不仅在人们的身体内活动，也在人们的大脑中发挥着作用。很久以前，人们就已经清楚催产素在社会交往中所起的重要作用。在单配偶制草原田鼠身上进行的实验，为证实催产素的重要功能提供了清晰的佐证：当有雌田鼠在场时，向某只雄田鼠的大脑中注入催产素，则该雄田鼠会对雌田鼠产生持久的依赖感，与其依偎在一起。田鼠的行为表明，催产素在它们中间促生了一种强有力的关系联结。在发生性行为时，男性和女性体内的催产素会出现激增；女性在分娩、哺乳期间，以及人们在形成新的社会联结或巩固已有关系等重要的人际交往时，他们的催产素水平也会上升。催产素在这类时刻的自然增量相当大，以至于多年来科学家忽略了催产素在日常生活中的增减，比如陪子女玩耍、认识新邻居、与合作伙伴签订新合同等时刻。当然，我们也需要清除某些技术性障碍。在单配偶制草原田鼠身上进行了催产素实验之后的几十年间，研究人体生物化学物质的科学家一直努力寻求能够可靠测量和控制自然行为中催产素水平的方法。没有更具可行性的研究工具，就无法对催产素在日常社会生活中的作用做出科学判断。

对于催产素在社会生活中所起的作用，欧洲首先发现了新的有力证据。当时的欧洲法律允许出于研究目的，使用鼻喷剂形式的人工合成催产素。首批研究项目之一为来自苏黎世的 128 位男性受试者设计了一个在线的信任游戏，游戏中会涉及真正的金钱利益。这 128 位受试者被随机指派为“投资人”和“受托人”，同时每人均获得相同数目的启动资金。游戏由投资人一方开始，他们可以选择将部分资金或全部资金交给受托人，也可选择不交出任何资金。在资金转移过程中，研究人员将转账数额提升为投资额的 3 倍，但会告知受托人和投资人转交的原始金额。此时，由受托人采取下一步行动。他们可以向投资人返还自己手中新掌握的部分或全部资金，也可分文不给（新掌握的资金为投资人转账投资额的 3 倍，外加受托人所有的原始启动资金）。这一游戏的设计将投资人而非受托人置于风险之中。如果投资人选择将全部资金交与受托人，而受托人却选择自私地占有全部所得，则投资人将一无所有。但如果受托人能够公平处理，则双方均可获得相当于启动资金 2 倍的回报。

在信任游戏正式开始前，研究人员采用了双盲研究法，对研究受试者使用鼻喷剂形式的催产素或安慰剂。仅仅向受试者的鼻腔喷射催产素一次，也对信任游戏的实验结果产生了重大影响：将所有资金交与受托人的投资人数量几乎增长了一倍。有趣的是，利用同款信任游戏进行的相关研究显示，接受他人的金钱委托这一行为本身，就会使得受托人自然分泌的催产素水平上升；而催产素水平上升的幅度越大，受托人返还给投资人的金额就越高。因此，催产素对投资人和受托人双方的行为均发挥了作用，对信任与互惠均有影响。这些研究表明，通过同步的催产素激增，可以很快达成相互间的信任与合作。

自催产素原始研究以及信任游戏的报告于 2005 年在《自然》（*Nature*）杂志上发表以来，出现了大量该实验的变形形式。比如，我们现已了解，催产素不仅使人们在金钱方面相互更加信任彼此，而且也使人们在个人隐私方面更加信任彼此——其信任程度增幅高达 44%。有趣的是，与刚刚遇到的人分享自己生活中的重要秘密，这一简单的行为会增加你体内催产素的自然循环水平，同时会提高你对对方能够为你保守秘密的信任程度。所幸，我们也了解到催产素不会不加区分地诱发信任，导致人们盲目受骗、被人利用。催产素对人际交往中的微妙迹象很敏感，比如那些泄露某人属于投机分子或在某些方面不负责任的信号。因此，请放心，即便是催产素通过办公室的通风系统弥漫在空气之中，你仍能察觉到那些微妙的暗示信号，能够判断他人是否值得信任。

接下来，研究人员进一步检视了催产素对上述敏感性的影响。就此方面，我可以告诉你，在催产素的影响下，你会对他人的眼神和微笑，特别是那些很微妙的笑容，具有更高的敏感度。也许正是因为你对他人的眼神和微笑给予了更多关注，所以你能更好地体会对方的感受，而且总体上会觉得他更具吸引力、更值得信任。同时，你还会对与积极联结相关的因素变得尤为敏感，比如“爱”“亲吻”等词语。结合使用鼻喷剂（与安慰剂相对照）以及大脑成像的手段后，研究人员发现，催产素还能够调节杏仁核的活动。杏仁核是与情绪处理相关的大脑深层皮质下结构。尤其是在鼻喷剂的影响下，杏仁核中的威胁探测功能会被抑制，而积极寻找的功能则会被放大。考虑到催产素的抑制效果，催产素鼻喷剂有助于人们应对压力较大的社会情境，比如发表即兴演讲或是与配偶讨论某个颇具冲突性的话题。研究显示，人们在催产素的作用下，在面对类似上述棘手情况时，其皮质醇（也就是所谓的应激激素）水平会降低，因此他们能够更加积极地表现，比如说出自己的感受、与他人有更多的眼神交流、做出更多的友好举动。研究显示，此类友好行为可以提升催产素的自然分泌水平，由此抑制应激性心跳加快及血压升高，减轻沮丧感，提升痛阈[①]。

更加普遍的情况是，催产素抑制被视为温血动物“冷静并联结”反应的主导因素，该反应是一系列大脑与身体反应，与之形成完全对立的是更为人熟知的“战斗或逃跑”反应。我们应该承认，陌生人有时确实会让人害怕——回想一下你第一天到新学校上课或到新公司上班的感觉。突然之间，你被迫进入一个从未听说过的群体。即便其中某个人貌似友善，你也很难搞清楚他的真实意图，他是否会帮助你？是否会以某种方式利用你？毕竟，人本性贪婪，世间有形形色色利用他人的方式。催产素既能减轻你与陌生人沟通的恐惧，又能够增强你与他人产生联结的技巧。如前所述，催产素并非盲目发挥作用。它能够增强你辨识他人可信度的能力。通过眼神交流、对微笑的密切关注，以及视觉信息引发的模仿，你对于他人是否可信的直觉将变得更加可靠。在催产素的协助下，你不会因为恐惧和怀疑而避免接触所有陌生人，而是能够识别出表明他人善意的线索，然后以同样的善意对待他们。所有人都需要社会联结——这不仅是出于繁衍后代的需要，也是出于生存和有所成就的考虑。因此，催产素一直以来都被称为“了不起的生命促进者”。

① 痛阈，指引起痛觉的最小刺激量。——译者注

催产素还可以越过人与人之间的距离，也就是说他人催产素的分泌能够激发你体内的催产素分泌，生物学同步由此发生，进而引发相互关注、关切与回应。

有关婴儿与其父母的研究为催产素在同步过程中发生增减的事实提供了最清晰的证据。当孩子与父亲或母亲交流时，他们有时会相互吸引，有时又并非如此。当孩子与父母真正同步时，他们之间的协调动作与情绪显示出非常多的积极联结。想象一下，父母亲吻着自己的宝贝，逗弄婴儿的小手小脚，对着宝宝微笑，以充满爱的语调对着宝宝说话。这些父母对孩子关怀备至。当他们逗弄宝宝、对着他们喃喃自语的时候，也在密切注意婴儿的面部表情变化，以便了解婴儿是否喜欢他们的亲近方式。随着父母充满爱意的逗弄，关注着父母的宝宝们会咿咿呀呀、咯咯大笑。此时，爱的微小瞬间在父母与婴儿间产生。

当然，不是所有婴儿–父母互动都如此美好，也会出现一些特殊的情况。一些父母极少与宝宝有眼神接触，无论在语言表达还是非语言表达方面，都很少表现出积极情绪。在这类互动中，父母与子女之间的协调性较差，联结也较少。而在那些罕有的联结时刻所产生的联结也明显更消极——把他们联结在一起的是相互间的烦恼或淡漠，而非对彼此的爱。

事实证明，积极行为同步——婴儿与父母（通过眼神交流以及充满爱意的触碰）一起大笑、微笑、喃喃细语——与他们之间的催产素同步同时出现。研究人员在某次面对面的婴儿－父母互动录影前后，分别测量了父亲、母亲和婴儿唾液中的催产素水平。结果显示，在彼此产生了积极联结的婴儿－父母组，其催产素水平也保持同步。在没有出现积极联结的受试组中，则没有发现催产素水平同步的情况。

因此，积极共鸣可以被视为某一代精妙的生物化学倾向影响其下一代生物化学倾向的途径，通过这一途径，持久且通常一生不变的纽带关系得以在两代人之间形成。此外，鉴于催产素水平会在非亲属人群之间（甚至是刚刚对彼此产生信任感的完全陌生的人之间）发生同步增减。由此可见，爱或积极共鸣，同样可以被视为构筑富于关怀与同情的社群的途径。我们知道，爱能够打造持久的精神慰藉。而科学研究证明，催产素在其中发挥了至关重要的作用。

我的"拓展－建构"理论的核心原则即爱能够打造持久的精神慰藉——这个理论在一项非常有趣的研究中得到了证实，该研究的对象是啮齿类动物。研究显示，老鼠妈妈与幼崽之间的积极联结和同步，与人类父母和婴儿间的情况类似。老鼠妈妈对幼崽的精心呵护体现在对新生小老鼠仔细的舔舐和清洁上。当老鼠妈妈舔舐、清洁幼崽时，小老鼠对于催产素的敏感度增强，比如该幼崽杏仁核及其他大脑皮下区域中的催产素受体数量会增加。可以肯定的是，这些受到良好照顾（受到老鼠妈妈特别关爱）的老鼠幼崽，长大后会更冷静、更大胆、更有好奇心。研究人员认为，正是充满爱意的联结经历决定了老鼠幼崽的大脑与行为特性（即它们的催产素受体情况以及冷静的行为），而这绝不仅仅是共同基因的简单作用。交叉养育研究也得出了类似的结果：即便老鼠妈妈养育的并非自己的亲生幼崽，它对这些幼崽的关注程度仍然会影响到幼崽大脑对催产素的敏感度，以及该幼崽长大后是行为焦躁还是表现淡定。

用情绪训练增强爱的力量

你之所以成为今天的你，和我要向你介绍的第三个生物角色有关，即第十对脑神经。这对关键的脑神经将大脑与身体连接起来，它们也被称为迷走神经。迷走神经起始于颅腔深处的脑干，延伸至不同的内脏器官。不过，这对脑神经最重要的功能可能是：它们连接着大脑和心脏。你知道，在你感到受辱或威胁时，你的心跳频率会加快，这是遗传自人类祖先的“战斗或逃跑”反应。然而，你可能不知道，正是迷走神经与催产素的共同作用，协调引发“冷静并联结”反应，最终使你快速的心跳平复下来。

你要记住，爱就是联结，而迷走神经是你的一笔生物资产，支持并协调着你对爱的体验。迷走神经在你完全没有意识到的情况下，刺激着你的面部肌肉，使你能够更好地与他人进行眼神交流，回应他人同样的表情。它甚至能调动中耳内的肌肉，使你能够在嘈杂的环境中更好地倾听对方的话。通过此类微妙精巧又环环相扣的方式，迷走神经将不断为你创造与对方产生联结的机会，提升你们产生积极共鸣的概率。

通过对心率和呼吸频率的简单追踪，科学家可以测量出迷走神经的强度，即你对爱的生物倾向。具体来说，我可以通过放置在你最下方的肋骨上的传感器，追踪到你的心率，看到你的心率如何随着呼吸频率而变化——你的呼吸频率数据经由环绕在你胸腔外的可拓展波纹管获取，由此所检测出的模式被称为迷走神经张力。与肌肉张力一样，迷走神经张力越强越好。

迷走神经除了可以平复在你因紧张、恐惧或用力而加速的心跳之外，还在你心脏的每一次搏动时，或者更准确地说，在你的一呼一吸间，调节着你心脏的日常跳动频率。人类的心率通常较快，似乎我们总是警惕着转角就会遇到的危险。当你吸气时，快速心跳为有效心率，因为此时，每一次心脏搏动都会将更多新鲜的富氧血液输送到大脑和全身。不过，你在呼气时心跳快速就没有太多的益处了，因为此时新鲜的富氧血液供应量正在下降。此时，迷走神经再次发挥作用：在你呼气时，迷走神经轻柔地控制着你的心脏，使得心率略微下降；在你吸气时，迷走神经会放松对心脏的抑制，以便你能自然恢复到高心率的水平，让心脏尽可能多地输送富氧血液。由此，就形成了非常轻微但有益健康的心律失常模式：吸气时，心率略为加快；呼气时，心率稍有降低。这个模式不仅反映了你的迷走神经张力，即迷走神经的强度或状况，也反映了大脑对于快速心跳进行原始、下意识控制的敏锐程度。

我在此对迷走神经做出简述，是因为这条从大脑到心脏、贯穿于你身体之内的神经与爱的源泉相关，它甚至还能预测你将患上何种疾病以及寿命长短。接下来你会看到，爱的生物倾向与健康的生物倾向密切交织在一起。当人体处于静止状态时，测量出的迷走神经张力的稳定程度非常高。大多数人的这个数值都是经年不变的，它按部就班地引导着人们走向孤独一人或热络交际，决定人们患病或是健康。

科学研究已经表明，迷走神经张力较强的人，在生理、心理、社交等各方面都具有较强的适应性。这些人下意识就能够对不断变化的环境做出更好的调整。在生理方面，他们能够更有效地调整葡萄糖水平等指数；在心理方面，他们能够更好地调节自己的注意力和情绪，甚至是行为；在社交方面，他们特别善于交际和与他人建立积极联结。由此，从定义来看，他们能够体验更多爱的瞬间。就好像他们体内连接大脑与心脏的神经所具有的敏锐性（其敏锐程度在这些人的迷走神经张力中得以体现）使得他们在日常生活与社会生活发生变化时更加敏捷、更加协调、更加坚韧。因此，迷走神经张力强可以被看作更具有爱的潜力。其实，这也正是博士生贝瑟妮·柯克（Bethany Kok）和我的发现：与迷走神经张力较弱的人相比，该数值较高的人在日常生活中能够体会到更多的爱以及更多的积极共鸣。

你现在可能很想知道自己是不是具有高迷走神经张力的幸运儿。如果你是这样的幸运儿，那真是太棒了。如果你现在还不是这样的幸运儿，科学界的新发现可以让你满怀希望。正如我们可以通过定期的身体训练来增强肌肉张力一样，通过我在本书第二部分中分享的定期情绪训练，你也可以增强迷走神经张力。若要实现这一点，关键还是爱的力量。

我和我的学生在被我称为"积极情绪与心理生理学实验室"的地方工作。不久前，我们研究了学习古老的慈爱冥想的效果。研究的受试者逐个来到北卡罗来纳大学的积极情绪与心理生理学实验室，我们测量了他们静坐若干分钟内的迷走神经张力值。最初阶段的实验室测试结束后，我们指导研究受试者登录与该项研究相关的网站，每天晚上记录下当天的情绪与发生的社会联系。几周后，我们随机决定受试者是否参加慈爱冥想学习。但是，所有人仍要继续在我们的网站上记录每天的情绪与发生的社会联系。数月过去，我们在冥想培训结束的几周后，将所有研究受试者逐一邀至实验室，测量了他们在与之前相同的静坐状态下的迷走神经张力值。

这一研究发现：通常被视为类似于成人身高等稳定特征的迷走神经张力，实际上可以通过思想训练得以加强。这就是你可以满怀希望的原因：无论当下你的迷走神经张力如何，它在下一个季节或许就能得到增强。

而且，研究受试者中被随机指派去学习慈爱冥想的人，其迷走神经张力提升最快。他们每周花在练习上的时间几乎不超过一个小时，然而在几个月的时间里，在冥想学习者完全没有意识到的情况下，他们的迷走神经开始很容易地对呼吸做出回应，表现出更多表明高迷走神经张力的健康的心律状况。一呼一吸间，每个爱的瞬间叠加，这些冥想学习者的积极共鸣能力日臻成熟。此外，通过复杂的数据分析，我们发现，那些经常经历积极共鸣的人，其迷走神经张力的增长幅度也最大。可见，爱确实能使人变得更加健康。

用爱驱走内心的孤独

现在，让我们从孤立的科学发现中退后一步，从更广阔的视角来看待爱。回想一下，你的身体正在更大的体系内体验积极共鸣。除了爱和其他所有积极情绪之外，这个体系还包括你的各种持久性特征：身体健康、社会关系、脾气秉性、复原能力。拥有此类财富当然能够活得更轻松、更惬意；此外，这些财富也能够让你体验到更多更强的积极共鸣。爱，将这些财富置于你的体内；反过来，这些财富又增强了你对爱的体验。这不是一个单纯的因果关系。因果之箭一旦双向同时运动，就会产生动态的、可以自发演进的互逆因果关系。因为爱，你成为更好的自己，之后你可以更加自如地体验爱。这些持久性财富与爱共舞，产生出赋予万物生机的上升螺旋。

站在这个更具包容力的立场上，让我们重新审视一下我的科学发现：通过学习如何激发爱，你能够增强自己的迷走神经张力，进而注意力更敏锐，行动更敏捷，与周围人的交往更融洽，能够更好地建立起能激发积极共鸣的人际关系。由此，凭借着迷走神经张力，爱的感觉也会随之而来。

同样，科学研究表明，积极共鸣也能够提升催产素水平。在催产素的影响下，你会变得更加平和，与他人相处时会更和睦、更友善，也更包容；你也能够建立起更好的人际关系，增强激发积极共鸣的能力。由此，凭借催产素的作用，爱的感觉也会随之而来。

再回想一下，与他人的积极性联结催生了人与人之间的神经耦合，或称为同步性大脑活动。在重复作用下，积极共鸣激发大脑发生结构性变化，比如察觉威胁的杏仁核对催产素水平变化变得更加敏感。有关神经可塑性（大脑随经历发生改变的能力）的很多成果来自动物研究，不过人类最新的研究也有了不少启发性证据。比如，为人父母不仅打开了婴儿与父母的积极共鸣之门，同时也引发了大脑中能够激发积极共鸣的区域的变化。此项研究显示出爱对大脑神经结构的作用能够让人们在未来养成更健康的习惯，拥有更健康的社会关系。

由此，凭借着大脑的可塑性，爱的感觉会随之而来。

可塑性（对改变所抱持的开放性）同样塑造了你的体内细胞。你的体内细胞时时处于更新之中。即便是当下，你正在阅读本书的时候，新的细胞也正在你的体内源源生长，在被称为“身体”的这个相互协作的巨大乐团中，进入事先确定好的位置。然而，并非新细胞生成的每一个细节都事先写入了你的 DNA 中。其中的某些方面，会随着你体内生物化学变化造成的影响而改变。比如，当你感到孤独时，你体内的应激激素的皮质醇水平就会升高。皮质醇会向免疫系统发出信号，更改新生白细胞中的基因表现，尤其会降低其对皮质醇的敏感度。研究显示，在这种情况下，你体内的炎症应答不仅会减缓，而且对于危险信号的反应也会变弱。如此一来，长期的孤独感就会侵蚀你的免疫系统，让你更易患上心血管疾病、关节炎等慢性病。数据进一步显示，感觉孤立或与他人疏离对身体造成的伤害比真正的孤独带给人的伤害更大，也就是说，痛苦的情绪会损害健康。通过追踪情绪及其引发的生物化学变化，分子生物学专家目前已经发现，缺乏爱会损害免疫功能以及健康状况。

即便如此，你仍可心怀希望。在每天大量的社会交往中，我们可以用爱的力量来消除孤独感。就像我们在本章中已经看到的，你的生物学反应可以激发你对爱的体验。即便如此，你对于自身生物学反应的控制也还是远远大于你已经意识到的程度。一旦找到了爱的路径、爱的障碍，你就获得了控制细胞中生物化学物质的方法。在某种程度上，你能够编写发送给体内细胞的信息，它们或带来健康，或诱发疾病。我和同事正着手研究催产素及其他激发爱的生物化学成分如何使人类的身心更加健康。我们假设，借助细胞的可塑性，爱的感觉会随之而来。

所有这些发生在你的脑电波、血液、迷走神经以及细胞中的爱的不可见生理变化，都能让你更好地体验爱，更好地激发你与他人间的积极共鸣。爱对你的影响如此之深，能够自内而外地重塑你，由此改变你的人生之路，指引你走向更多的爱。伴随着每一个爱的微小瞬间，你将会在通向更高境界的螺旋楼梯上更上一步，拥有更丰富、更良好的社会关系和更强大的复原能力，更智慧，更健康。我将在第 4 章重点阐述这种爱的连锁反应。

用爱滋养自己

简而言之，你的身体为爱而生、因爱获益。我们的身体会因为与他人间循环往复的积极共鸣得以滋养，变得更加健康，拥有更加和谐的人际交往，并充满爱意。这一清晰的双赢结构，深嵌在人类的 DNA 之内。

日常积极共鸣的微小瞬间不断叠加，最终会让你的生活更加美好。你会变得更健康、更幸福、更合群、更智慧，并且拥有更强的复原力。

此类财富累积得越多，你就能更轻松、频繁地体会到爱的微小瞬间，享受到更多拓展－建构的益处。你的身体在生物学的作用之下，激发、维持着积极情感螺旋式上升。爱的生物学并非显而易见，而且到目前为止尚未得到应有的肯定，但它影响着你的情感、思想、行为和变化。

然而，如同我们所知，爱不是单方面的行为。爱为你带来种种益处。爱会让与积极共鸣相关的各方受益。据此来看，情绪健康与身体健康都具有感染力。实际上，对现实社交网络的研究显示，假以时日，幸福感可以在整个社群中扩散开来。你周围的朋友或者同事的幸福感，实际上也可以提升你的幸福感。

有关爱的科学研究清晰无误地指出，身体是一个动词。当然，类似 DNA 和眼睛颜色等身体特征会相对保持不变。但是，大脑则在不断记录不停变化的环境，在细胞内整合那些由内而外重塑你的身体与大脑的生物化学物质。你的身体也会有所感应，最显著的一点是，身体向你的每个部位传达着你的感觉——不管是积极共鸣或者是消极性感受。由此，你塑造你的身体素质与建立联结的能力。

我希望你在观察了爱的生物学的动态过程之后，能够受到启发：积极共鸣能够让你与他人之间发生大脑与催产素的同步；假以时日，能够增强你的迷走神经能力，赋予你健康、良好的社会技能以及整体幸福感。即便如此，升级对爱的看法也不能仅仅止步于生物学，你还需要退后一步，理解、欣赏爱对你的行动、社会关系、智慧以及精神潜能的影响。正是这些在爱的道路上出现的包罗万象的变化，促使你打造更好的生活。在描述如何更便捷地播种爱的种子之前，我要阐述一下有关爱的科学中的新观点：在生活中创造更多积极共鸣，将影响你的情感、思想、行为和变化。

第 4 章 爱是一个连锁反应

所欲即所成。

——托马斯·默顿

到目前为止，我一直在敦促你以不同的视角看待爱，从身体的角度想象、欣赏爱，将其视为积极共鸣。在本章中，我会带你进入爱这门科学的更深层次，继续向你展示爱的多种魅力。之后，你会对爱的心理与行动有所感知，在爱的滋养下心怀感恩之情地成长。

学会看到爱的连锁反应至关重要。爱的标志，在人类远祖时代，可能是生活全景中最具吸引力的事物之一；然而，以现代的标准看来，爱的标志非常微弱，有可能被我们完全忽略。例如，你一大早起来就疲于奔命，狼吞虎咽地吃下早饭，赶到单位便一头扎进收件箱和长长的待办事项清单中，一整天都忙于一个又一个会议，下班之后又冲进商店快速购物，为孩子匆匆准备好晚饭，然后打发他们去睡觉，最后你疲惫地倒在床上，想到明天又是漫长的一天，你烦躁不安地入睡了。试想，在这样的情况下，你怎么可能有时间和精力去点燃积极情绪的微弱火苗？

用爱打开思维之门

将近60年前，在席卷全美的反正统文化大潮发生的十几年前，阿道司·赫胥黎就在其饱受争议的著作《觉知之门》（*The Doors of Perception*）中，描述了自己首次服用致幻剂的经历，并因此名声大噪。这本书的书名让人回想起英国诗人兼版画家威廉·布莱克在其1790年的著作《天堂与地狱的婚姻》（*The Marriage of Heaven and Hell*）中写的隐喻（这也是20世纪60年代美国摇滚乐队“大门”乐队的灵感之源）。布莱克写道：

> “觉知之门一经净化，万事万物即会显现本来的面目，无垠无边。人类已将自我封闭，直到从岩洞的罅隙中窥见世界的全貌。”

在布莱克的比喻的基础上，赫胥黎将人类的大脑比作“减压阀”，它让你只能意识到那些在任意时刻对于生存有益的觉知、想法与记忆，除此以外的其他所有则全部被抹去。虽然在某种程度上，简化的意识可以防止我们在过多的图像和记忆之中迷失，但它也会成为一种自我限制。自我对于世界的体验与对于他人的体验都遭到缩减，但通过语言将两者相互比较时，你会觉得自己那些有限的意识就是对真实世界的反映。赫胥黎写道：

> “大部分人，在大部分的时间内，只会了解那些通过‘减压阀’进入意识的信息，以及经由当地语言神圣化为真实事物的信息。然而，有一些人，似乎生而具有某种能够使‘减压阀’失效的方法。另外一些人，则可以通过自发的方式，或有意为之的精神训练，或催眠，或服用药物，从而暂时获得使‘减压阀’失效的方法。”

对于赫胥黎所谓的“觉知之门”可以暂时性打开，甚至可以自发地打开的说法，目前科学家已经通过大脑成像实验得以证实。重要的是，你无须通过药物、催眠或一些所谓的精神训练才可以打开“觉知之门”，有时，你需要的仅仅是一点儿积极性而已。

通过功能性磁共振成像，我们可以在人们进行不同的思想活动时，追踪其大脑中的血流变化。大量证据表明，大脑中有一个特殊区域专门负责对人类表情做出反应（梭状回面孔区，简称 FFA），另有一个独立区域专门对地点做出反应（海马旁回区，简称 PPA）。某一设计精巧的实验利用对大脑此类特殊性的认知，要求研究受试者观察一组位于幻灯片中央的人脸图像，说出其性别，但对幻灯片的其他内容忽略不计。这个任务非常简单，受试者总是能够给出正确的答案。这项研究的有趣之处在于，每张幻灯片中的人脸图像都是置于某个背景之中，具体而言，人脸图像会出现在某栋房子的转角处，就像是在房产广告中常看到的场景。理论上，如果“觉知之门”已经打开，那么该研究中使用的混合图像（即置于房屋背景之中的人脸图像）就会激活大脑中的 FFA 和 PPA 两个区域。然而，如果“觉知之门”基本处于关闭状态，那么只有大脑中的面孔区域会被激活。

在展示混合图像之前，研究人员会随机插入积极、中性、消极的图像，程度都比较适中，比如积极图像包括可爱的小动物或美味甜点。通过观察 FFA 和 PPA 这两个区域，研究人员能够比较出在不同的情绪状态下，每位研究受试者的认知域的开放程度。实验结果表明，消极情绪会使人们的觉知变得迟钝，PPA 区域内的血流变化明显减弱。换言之，当研究受试者感觉不佳时，他们会完全忽略人脸图像的周围背景，其大脑几乎完全感知不到周围的房屋背景。中性情绪下的情况基本相同。与此形成对比的是，积极情绪能够拓展人们的认知，且 PPA 内的血流变化明显。也就是说，在看过小动物或甜点的图片之后，研究受试者的大脑能够同时认知到人脸图像以及周围的房屋背景。此类数据显示，当一个人感觉良好时，他会不由自主地注意到更多的周围环境信息。用赫胥黎的话说就是，积极情绪可以提供一个能够使“减压阀”失效的方法。这一大脑成像研究提供了切实的证据，说明在积极情绪的影响下，人类的“觉知之门”会比其他时刻更加开放。

另一组有趣的相关实验对中风患者进行了测试。这些患者的脑部受到损伤，导致其出现视觉障碍，或是无法识别一侧视野内的信息并采取相应行动。比如，右侧顶叶皮层有损伤的患者无法感知左侧视野内出现的图像与文字。利用控制行为任务以及大脑成像，研究人员发现，此类患者在听到令人愉快的音乐时能够克服其意识障碍。也就是说，在欣赏音乐的时候，这些患者能够识别出在未听到音乐或听到不喜欢的音乐时无法感知到的信息，并做出相应的反应。

在此，我想要指明的是，爱的体验和其他积极情绪并不是打开“觉知之门”的唯一动力。如上述研究显示，看到可爱的图片或听到令人愉悦的音乐这类强度较小的积极情绪体验也可以打开“觉知之门”。赫胥黎所说的能够使“减压阀”失效的临时自发性方法，已经被证明就是日常积极情绪有条不紊的觉知副产物。实际上，通过我描述的情绪技巧，你就能够在日常生活或活动中融入拓展的意识模式。

当积极情绪敲开了“觉知之门”，你便能够与他人更好地发生联结。毕竟，人类的典型做法都是以自我为中心的。你的想法总是围绕着自己的需求、愿望与关切而改变。在感到威胁时，自我专注甚至会变得更加极端。与此形成对比的是，在我与同事共同进行的实验中，我们发现，当人们感觉良好时，他们除了会将眼光投向自身利益之外，还会更多地意识到他人的存在，并且更有可能关注他人的需要、愿望与渴求，更愿意从他人的角度看问题。

一旦你与他人真正地建立起联结，产生积极共鸣，“觉知之门”便会以独特的方式进一步向你敞开。首先（也是最重要的一点），你们将彼此视为一个共同体，每个人都是“我们”这个整体的组成部分，而非两个独立的“我”。与其他积极情绪相比，爱能够拓展你的关切范围，在更大程度上将他人纳入其中。爱具有关注与关切的特性，这种温暖、真实的情感会促使你信任他人、热情待人。实际上，最近的一项研究试图明确指出，此类关注与关切是爱的精髓，超越了浪漫之爱、父母之爱以及纯精神之爱等各种形式的爱，简言之是“对于他人福祉的纯粹关心”，而这一精髓是爱永恒不变的标志。爱独具特色的关注与关切促使你更加注意他人的需求，敏锐地发现、评估所获取的信息，更好地保护他们免受伤害。爱也能使你在未来对曾经共享积极共鸣瞬间的人做出更积极的自动反应，这样的善举为你未来与这些人产生积极共鸣铺平了道路。研究显示，一个人培养积极共鸣的意愿越强，他与亲友、同事间的日常互动就越发轻松愉快。

由此可见，爱会改变你的思维。

知行合一的爱

在西方文化中长大的人倾向于把思维与身体割裂开来看待，他们认为“思”是一回事，“行”是另一回事。然而，这种清晰的界限只不过是种幻象。现代科学研究证明，“思”和“行”本是同源而生。既然你已经了解爱能够改变你的思维模式，能够打开你的“觉知之门”，促使你认识到自己与他人是一个整体并去关心他们，那么你就应该更容易理解爱将如何改变你的想法与行动。神经科学研究表明，积极情绪能够打开我们的“觉知之门”。我的同事梅丽莎·格罗斯（Melissa Gross）的运动学研究也显示，积极情绪能够让你心胸开阔。当身心都沉浸在美好的感觉之中，你会抬头挺胸，这个微妙的身体语言能使你看上去更具吸引力，从而敞开怀抱与他人建立联结。

真正的良好感觉也会令你的面部舒展，嘴角上翘，面露微笑。

任何积极情绪都会让你不由得微笑，让你态度更开放、包容。因此，你所有的积极情绪都能够让你周围的人有所察觉，让他们感到放松，并与你建立情感联结。当你周围的人感到心安，受到你的积极情绪的影响，并以相应的积极情绪对你做出回应，爱的积极共鸣就产生了。数十年来，科学家一直没有搞清楚此类爱的非语言表达。这反映出早期研究方法过度依赖于问题表述和静态图片。近年来，科学家以更具全局性的动态视角，研究了在具有积极共鸣的普通沟通中的自发性非语言表达。凭借此类更广泛的研究手段，科学家发现了爱具有的非语言性特征。

这一新证据显示，爱具有 4 个非语言性特征。其中，第一个特征是你与他人之间频繁的微笑示意，而且是笑脸盈盈的真正的微笑。第二个特征是你们使用友好手势的频率，比如伸出手掌（根据定义，指、戳、左右摆动手指等手势不在此列）。第三个特征是你们身体靠近的频率。从空间而言，身体靠近意味着你们的心也在彼此靠近。第四个特征是你们彼此点头向对方表达肯定与认同的频率。

这 4 个非语言性特征（微笑、手势、靠近与点头）既是一个人爱的内在体验的自然表现，同时也会被其他人视作爱。以这种方式展现的爱同样具有力量，它不仅预示出人们从人际关系中感受到的社会支持，也预示出他们如何表达爱（我将在后续部分对此加以描述）。因此，这 4 个非语言性特征是爱的可靠标志。

如果时机正确，其他非语言形式也能够揭示出爱。比如，当人们相遇并发生联结，其行为经常会同步，因此他们的手势和面部表情在某种程度上能够进行镜像反射，此类自发性同步会让两个独立的个体看上去像是协调的整体。这一现象不只限于两个个体之间，也会发生在数量庞大的个体之间，如鸟类成群地迁徙、鱼类成群地游动、一大群人在某些时候以同步的方式行动。由此，你会开始理解为何足球比赛或音乐会能触发大规模的积极共鸣。欢呼喝彩、反复喊唱、列队行进、舞动身体等激烈的同步动作，铸造出一种群体性关联，甚至可以让整个场地内的人为之沸腾。

我对此深有体会。1995 年 8 月末的一天，我正在密歇根大学能够容纳十万多名观众的大体育场第一次观看大学生橄榄球比赛。那时，我刚到密歇根大学任教，而且对任何体育项目都不感兴趣。一个同事邀请我和丈夫去观看橄榄球季的开场比赛，因为这是密歇根的“习俗”。于是，我们去了昵称为“监狱”的体育场，而且没觉得这比赛会有什么特别的。事实证明，密歇根大学与弗吉尼亚大学间的这场橄榄球比赛，是密歇根大学橄榄球队新教练劳埃德·卡尔（Lloyd Carr）率队出征的首场比赛，并且足以被写入史册。虽然大家一心盼望密歇根大学狼獾队获胜，但第四节进行了一段时间之后，狼獾队仍然被弗吉尼亚骑士队以 17 ∶ 0 的比分紧紧压制，无法得分。不过，狼獾队随后完成了两个达阵，将比分追成 12 ∶ 17。但是，他们未能获得更多得分，因此必须再完成一个达阵才能赢得比赛。在距比赛结束不到 3 分钟的时候，狼獾队多次持球跑进，但均未能突破骑士队强大的防守。在终场比赛哨声吹响前 4 秒，狼獾队的四分卫斯科特·德莱斯巴赫（Scott Dreisbach）将球长传给默克里·海耶斯（Mecury Hayes），这显然是狼獾队最后的希望，整个体育场紧张得陷入一片沉寂。海耶斯深入对方端区之内，就在冲出底线的刹那，他的左脚蹭着草皮接到了球。这绝对是个令人难以置信的达阵！卡尔教练率领的狼獾队赢得了当时最漂亮的一次绝地反击。整个体育场爆发出欢呼声，大家击掌相庆、热烈拥抱。实际上，在场的每个人都成为巨大庆典的一分子。这样的经历，对我来说是空前绝后的。十万余人（他们对我来说都是陌生人）分享着同样的狂喜。无疑，这就是我所谓的“大众积极共鸣”，而且自那一刻起，我就成了密歇根大学橄榄球队的铁杆球迷。我有生以来第一次热切地关注体育版报道，开始穿黄蓝相间的队服，而且在错过比赛的时候会焦躁不安。这一场比赛让我一下子融入了新的群体。

甚至是那些微弱得多的行为同步也能够使人改变。想象你正坐在前廊，看到两个邻居站在信箱旁聊天。虽然你听不到她们在聊什么，但通过两人的动作，你知道她们相谈甚欢。其中一个人扬了一下眉毛，另外一个人也这样做了。过了一会儿，两人又先后摸了摸自己的脸。我带的博士生塔尼娅·瓦查库尔克瑟姆苏克（Tanya Vacharkulksemsuk）一直致力于研究陌生人初次见面时的行为同步。我们发现，当人们行动一致时，他们会觉得自己体会到了对方真正的友善，在交谈的过程中也会感到充满活力、彼此理解、相互信任。相关研究也证实了这一点。在实验中，当行为同步在人们同时行进、敲打、歌唱、摇摆时悄然发生，就意味着彼此相互喜爱，以及合作与成功的可能。现在，你已经能够识别出这些不同作用都指向了积极共鸣，也就是身体对爱的定义。第 3 章中描述的研究让你明白，邻居间的聊天同步程度比你亲眼所见的要更加深入，她们的同步动作很可能反映并触发了大脑与催产素活动的同步。

接下来，我要谈的是爱的延伸。随着你体会到越来越多的积极共鸣，日积月累，你也会随之改变。

爱让你更幸福、更坚毅、更睿智、更健康

变成“我们”。想一想与你关系最亲密的人——挚友、配偶、父母或子女，他们是让你感到紧密相连的对象，说起他们，你会自然而然地使用“我们”一词。然而，情况并非一贯如此。即便是最亲密的关系，在能够使用“我们”一词之前，也需要一段时间的经营。积极共鸣大概是你享有的每一段重要关系的起点。想一下那些亲密关系的缘起：是你们共享的玩乐或快乐？是对彼此的吸引力或好奇心？是平静的一刻或共同的宽慰？还是“积极菜单”上其他令人愉悦的“美味菜肴”？也许你与最好的朋友或配偶初次相遇并一拍即合的经历更让你念念不忘，但是，你与父母或子女间的跨代联结也与前一种联结一样，都是通过安全感与爱的微小瞬间不断叠加、建构而成，并且经由同步的注视、触碰与对话而不断加固。积极共鸣的微小瞬间接踵而来，铺

就了通向现有亲密关系的道路；而如今的你将这些亲密关系理所当然地视为生活中慰藉、支持与陪伴的最坚实来源。

塔尼娅·瓦查库尔克瑟姆苏克与我一同进行的研究表明，在关系的萌芽阶段，两个人共享的不仅是情绪，还包括动作。他们自发地而且下意识地开始了动作同步，此类非语言表达的一致性预示了双方对合一性、联结以及友善具有共同的主观评判。数据显示，积极共鸣在人们之间引发的同步动作越多，人们就越可能发展出一段亲密关系。遵循此种逻辑，某些初次约会的效果比其他的要好。两个人跳舞或划船（假设每人划一只桨）产生的联结会比一起看电影或吃饭产生的联结更亲密。团队建设的道理同此。无论是最初的破冰活动，还是回归自然活动，抑或固定时间分享好消息与相互欣赏的活动，能够为同步行动与积极情绪创造条件的活动便是团队协作的保证。

积极共鸣不仅可以在新关系开始的时候将一群彼此陌生的人联系在一起，同时也是巩固长久关系的黏合剂。住在纽约长岛的一对夫妻阿特和伊莲娜对此深有体会。他们在家附近张贴的一张海报上看到了一个有关“影响关系的因素”的研究正在招募受试者，研究受试者可以获得 30 美元的酬金，但这远远比不上两人对这项研究的好奇心。于是，夫妻二人拨通了报名电话。奇怪的是，接电话的人询问两人有没有可能阻碍他们参与体能训练或参加有氧运动的健康问题，这让阿特和伊莲娜更加好奇。在指定实验室中见到研究人员之后，两人更好奇了。这个实验室更像是一个健身房，地板上铺着一大块约有 30 英尺[①]长的体操垫；垫子中间放着另外一块卷起来的垫子，大约有 3 英尺高，像是一个路障。作为研究的一部分，研究人员让阿特和伊莲娜回答一些调查问题，之后让他们一起讨论诸如下次度假计划、未来家庭装修计划等话题。其间，研究人员把两人的讨论录了下来，以供日后分析之用。当研究人员指导他们完成下一项任务时，夫妻二人都大吃一惊。当研究人员用维可牢尼龙搭扣把阿特和伊莲娜的手腕、脚腕绑在一起时，两人对实验室内部设置的好奇化为难以置信与阵阵轻笑。研究人员要求他们一起尽快爬到体操垫的另一端，然后再爬回来，并清除来回路上的障碍物。同时，他们还需要夹住一个桶形的枕头，不能让其落地，但又不能用手、胳膊或牙齿去碰枕头。如果两人能在一分钟之内完成这个任务，就能得到一袋糖果作为奖励。此前只有极少数的研究受试者完成了这个任务。

阿特和伊莲娜很快发现，他们只有用身体夹住枕头，才不会让它落地。但是这样一来，两人绑在一起爬行的动作就变得更加难以完成。整个过程简直令人捧腹。两人多次摔得仰面朝天，大笑不止。到了第三次爬行的时候，他们的四肢动作终于开始同步，两人在规定时间内完成了任务，赢得了奖品！

---

① 1 英尺 ≈0.3048 米。——编者注

事实证明，其他参与研究的夫妻不像阿特和伊莲娜那样觉得参与过程非常有趣。参与研究的夫妻们通过抛硬币选择要完成的任务。有些夫妻的任务与阿特和伊莲娜的相同，有些则只需要完成普通得多的慢速爬行任务：夫妻二人的手脚无须绑缚在一起，两人只需轮流缓慢地爬过体操垫，让身体前面的一个球滚动即可。研究人员假设（这一假设在该研究以及其他实验中得到了证实），随机被指派完成有趣任务（要求双方身体接触以及行为同步）的夫妻会变得更爱对方。跟踪调查显示，这些夫妻的关系质量得到了提升，他们在讨论中更能接受彼此的看法，彼此间的敌意也更轻。夫妻共同参与此类游戏，能够增进夫妻感情，甚至维持长期的亲密关系。此类实验证实了我的观点：经常一起参与新奇有趣（甚至是傻傻的）活动的夫妻，其婚姻质量更佳。

有时，你可以在活动的推动下与爱人共享积极情绪，比如策划一次旅行或是像阿特和伊莲娜在研究中完成那种充满童趣的任务。不过，更多时候，你与伴侣完全没有外部推动力，只是其中一方自发地将自己的积极情绪传递给身边的另一方。比如你的伴侣在工作一整天之后回到家里，与你分享工作中取得的进展，或是告诉你他因为最近的出色表现而获得了领导的肯定。因为戴着自我中心的有色眼镜，你可能会觉得这样的谈话不过是他在解释自己为什么兴高采烈，甚至你可能还会愤世嫉俗地觉得他是在自吹自擂。然而，戴上情感联结的眼镜之后，你就会将这样的谈话看作催生积极共鸣的绝佳机会，或是增进爱的新机会。

关于夫妻关系的研究显示，爱的感觉依赖于你如何对另一半的积极性表达做出回应。你是会积极回应这些积极性表达，还是回避？你是做出同样的积极性回应，还是认为其不值一提，或是指出其潜在的阴暗面？研究人员仔细研究了此类情况下夫妻双方对彼此做出的回应，发现那些能够接收彼此的积极情绪、对伴侣的好消息报以热情回应并积极鼓励的夫妻，彼此间的关系更好、更亲密、更忠诚、更有激情，对夫妻关系的整体满意度也更高。换言之，当夫妻中一方的好消息与热情激发了另一方的相同感受，两人之间就会产生积极共鸣。

那么，增进亲密关系的两个途径，就是把你的好消息带回家中与你的伴侣分享，并且真心祝贺你的伴侣。无论哪一方发起行动，联结才是关键，这样就能创造可共享的体验，让积极情绪在你们之间反复传递，让你们之间的动作与生物反应暂时同步，散发出相互关切的温暖之光。分享或庆祝伴侣的好消息当然不是培育爱且增进亲密关系的唯一方法，任何一种相互分享的积极情绪都有这个作用。

我和同事莎拉·阿尔戈（Sara Algoe）共同进行的实验表明，夫妻间不断传递的积极情绪所产生的积极共鸣，同样能够增强他们之间的亲密感，利于他们的关系发展。我们特别检视了人们对于伴侣如何习惯性地表达感激之情。我们发现，有些人比其他人更频繁地说“谢谢”这个词。毕竟，当你意识到某个人不计较自己的得失而为你做事时，你的心里会涌起真正的感激之情。换一种说法就是，感激包括两个方面：益处（友善的行为）以及施与方（采取友善行为的友善之人）。很多人在表达感谢时，重点都放在所获得的益处上——礼物、帮助或是善行本身；然而，我们发现最好的感谢其实是将自己所获得的益处作为一种媒介，照亮施与方的优良品质。当你向伴侣有效表达出对他的感激之情时，通过传达你对于他的良好品质的认可与感激，你也做出了善行。

为什么这是传达感激之情的最好方式？因为与仅仅关注益处本身的感谢相比，对施与方的感谢能够让听到“谢谢”二字的人感受到被理解、关注和认可。由此人们感到另一半真正理解自己、珍视自己，这种良好的感觉可以让他们每天都更好地感知到自己与另一半的关系。根据预测，这样做会使伴侣间的关系在6个月内得到改善，变得更幸福美满。

因此，说出“谢谢”二字不仅事关礼貌，还是一种爱的表达，能够促使你们建立更有力的联结，从而成为“我们”。

变得具有复原力。你如何应对压力与紧张？你有时是不是会被逆境击倒，一蹶不振？经历了一场感情风暴之后，你是在消极情绪中沉沦还是跌跌撞撞地重新找回曾经的自己？又或者，你会凭借过去的经验，加强自我保护，让自己在未来的感情创伤中免受伤害？也许，你觉得自己已经无法再经受那样的创伤，于是努力让自己变得坚不可摧。

一般情况下，你的自我保护壳颇为有效，它能保护你免受日常的情绪打击，让你远离自怨自艾的情绪或防止你被消极情绪搞得心力交瘁。然而，这样的自我保护也需要付出代价，它会把你与好的事物隔离开来。没错，你在自己壁垒森严的缝隙中确实可以随时感受到真实的积极情绪，比如兴趣、自豪、鼓励或心平气和，但是，你与他人分享这些良好感受的能力却遭到了损害。换句话说，你在把自己塑造得坚不可摧的同时，也麻痹了自己，以致无法与他人发生真正的联结。如此一来，你和你的身体就被挡在了发现、产生积极共鸣的机会大门之外，而这样的机会恰恰是生命和健康的必需品。

当然，除了被情感创伤摧垮或是让自己完全不受影响这两种情况之外，你还有其他选项。我和我的学生在过去的十多年里，一直在研究复原力相对较强的人的心理活动。这些人在面对情感创伤时，不仅能够灵活应对、免受伤害，而且能够在创伤之后快速恢复，甚至能够更好地应对下一次情感创伤的来袭。

我们的研究显示，复原力强的人都是能够掌控情感的人。他们既不会把消极情绪完全阻挡于外，也不会任由自己在消极情绪中沉沦。他们在逆境中擦亮双眼，对不断变化的环境具有超强的适应力，因此能够不断视环境情况的变化来调整自身的反应，做出适当的情感应对——既不反应过度，也不会麻木无感。如果情况允许，他们也会流泪、颤抖，不会完全忽视此类感受。不过，他们也不会沉湎其中无法自拔，他们的消极情绪如海浪般起落。经受强烈的情感冲击之后，他们会继续前行。

为何复原力强的人能够如此游刃有余地应对情感问题？正如我在《积极情绪的力量》一书中所说，这源于他们持续不断的积极情绪。毕竟，每一次积极情绪体验都能带来新的体验。复原力强的人能够更好地理解、欣赏更广阔的生活图景，以更开阔的视角、更灵活和更豁达的心态去应对混乱。实际上，我们的研究数据显示：积极情绪越多的人，其生活也会越来越美好。这不仅因为积极情绪让人感觉良好，更是因为良好的感觉滋养了人们的复原力，让他们能够更好地控制情绪的起落，从而让生活变得更加美好。复原力强的人满怀希望，更乐于应对挑战，对自己的顺境也更容易心存感激。我们的实验室研究表明，此类积极情绪能够清除消极情绪的影响，打破消极情绪对我们的思想与身体的禁锢；这样的禁锢如果持续的时间过长，会使人易于生病甚至早逝。

有关复原力的科学在过去10年间已有了相当程度的发展。我们不仅看到了该领域内人们对科学的兴趣不断高涨，也发现了人们对复原力看法的彻底改观。之前，专家认为复原力是罕见的人类技能；但我们现已清楚，在运转良好的情绪体系中，这样的复原力是普遍存在的。我们还发现，人们的复原力水平不是一成不变、与生俱来的，而是可以通过经验与训练培养的。因此，当你按照本书第二部分列出的方法进行练习，增加日常生活中的积极共鸣，你内在的复原力就会变得更强，对于生活中不可避免的烦乱与逆境也能更得心应手地应对。

复原力强的人从来不是一个人在战斗。他们从孩童时代起就善于运用幽默感，让其他人被自己的微笑或欢乐感染。复原力强的孩子会以各种方式，与朋友或是看护者产生积极共鸣。发展心理学家认为，复原力强的儿童因其在婴儿时期受到的精心照顾，发展、培养出了这样的能力。某些家长能够比其他人更好地了解、配合婴儿不断变化的情绪状态，顺利平复婴儿的紧张情绪，创造亲子间的积极共鸣。更加敏感、更具调适力的家长可以帮助他们的孩子培养情绪平复技巧和应对能力，这样孩子长大之后能够更加自立。因此，复原力不仅源于积极情绪，还来自积极共鸣。

大部分时候，你并不是独自面对紧张情绪与逆境，而是与他人共同承担困难。例如，离婚会给每个家庭成员造成压力，地震会撼动整个城市，战争会波及整个国家，经济危机会导致整个世界一团混乱。当你具有较强的复原力时，你就可以准确判断出何时该施以援手，何时只需要倾听，何时能让他人依靠自己的肩膀，同时，你也能够了解何时应该从他人那里寻求安慰与支持。由此可见，复原力不仅是个人属性，也是社会群体属性，此处所说的群体包括家庭、社区、国家，甚至整个世界。研究人员建议，若要共同、有效地面对艰难时刻，我们需要通过积极共鸣激发的个人与集体的力量。当你能够与有共同命运的其他人（家人、同事，或是与你同一社区或国家的人）产生情感联结，接纳彼此的观点，及时分享相互间的关切与尊重，那么整个社会的复原力就会越来越强。当然，在群体内实现这样敏捷与流畅的情感沟通并非易事。想一想那些政治手腕、飞短流长、吹毛求疵，就能看到社会复原力所需的开放、包容和信任是多么不堪一击。了解到连续不断的积极共鸣能够支撑、增强这些必不可少的力量，有助于你认清事实：社会的复原力源于爱。

对持久婚姻进行的深入研究证明了上述观点。约翰·戈特曼可以说是世界顶级的婚姻情绪科学家。他建议夫妻双方将共享的积极情绪“储存起来”，帮助他们渡过日后的难关。通过数十年的精心研究，戈特曼发现那些彼此间具有较多积极情绪体验的夫妻能够更好地应对、解决婚姻中出现的意见相左和困扰等问题。比如在讨论棘手问题时，这样的夫妻能够尽量避免将对方的消极情绪叠加在自己的消极情绪之上，而是以完全不同的情绪——通常是能够创造思考空间的关切、肯定、轻松的话语或动作——来应对伴侣的消极情绪，降低冲突（或潜在冲突）的等级。换言之，具有丰富积极共鸣体验的夫妻，能够更好地将会给双方造成伤害的“情绪炸弹”拆除。

你可以把积极共鸣“储存起来”，以备日后之需，因为爱和其他积极情绪充满了积极的力量。换言之，你在所谓的“情绪银行”中的储蓄不是一成不变的，而是随着时间的推移不断累积并生成利息，且以持续的方式回报你，以便你在日后面对逆境时可以提取、使用。此外，就像你以某种方式挣到的金钱可以在其他地方花销一样，你从某些关系中获取的积极共鸣也能让你充满力量，建构起你的价值观、信念以及技能，从而帮助你在各种纷扰与困难中保持人生正确的航向。可见，拥有充满爱的婚姻，可以帮助你在工作中更具活力。

无论是个人的复原力，还是在家庭、社区、国家甚至整个世界中培养的集体复原力，现在都变得更加重要。真正的积极情绪随时可以获得，因此不管你现在的复原力如何，都有机会拥有更强的复原力。当你带着这些良好的感受与他人产生联结，就会创造出积极共鸣纽带。爱与复原力都是可再生的资源。

变得更睿智。试想，你具有正确识别应走之路所需的一切知识与经验，你能够分辨出该做之事、知道正确的做事方法。即便有缺点和错误，你仍可以完全接受自己。你能够摆脱无休止的自我批评、焦虑与沉思，享受智慧带给你的心智能量。你能够全心关注周围的环境，不遗余力地评估当下环境的核心意义，以及那些更加微妙、看似无关紧要的细节。试想，你无须对如何给他人留下良好的第一印象或如何带领团队向前一步感到焦虑不安，你能够理解周围的人，而且能够真正地接受他们——你能了解他们独特的想法，明白他们的愿望与需求，知道如何以最好的方式与他们交流。试想，你能够坦然地面对各种人生坎坷（充满痛苦的困境、不确定如何继续的困境，或两者兼而有之的困境），你本能地知道该如何前进，同时又可以平复自己与他人的情绪。

能达到以上境界的人可以说是一个睿智的人，是具有科学家所说的“生活实用常识”的人。他们具有远见卓识，能从过去的经历与价值观中汲取经验，能在几乎所有情况下为自己与他人指出可靠、恰当的行动路线。他们不仅能够抓住人生与生活的意义，还能够将这些玄而又玄的哲学洞见转化成脚踏实地的计划与建议。研究显示，睿智的人能够以全局的眼光看待问题，整合看似矛盾的各个方面，在生活中找到平衡与幸福。

能够“看到更广阔的情形”并“连点成线”，可被视为睿智的核心特征。实验条件严格受控的实验室实验令人信服地揭示了人的意识范围会随情绪状态的变化而发生改变。处于消极情绪中时，人们的意识范围会缩小；处于积极情绪中时，人们的意识范围会扩大。也就是说，当你感觉良好时，你会处于从全局角度看待问题的最佳状态，能够找到自己与他人所面临的问题的解决办法。

智慧和情绪一样起起落落。我们必须承认，有些时候你确实无法掌控并运用你过去积累的经验。回想一下你做出最不明智的决定的那些时刻，你会发现在那些时刻，你都处于紧张状态——你承受着超出自己承受范围的压力、不安、痛苦、孤独或迷茫。打开“觉知之门”，积极情绪会为你提供更多空间，以发掘不同观点并衡量各种行动方案。

积极共鸣能让你吸取过去的经验，让你更加聪明。如果你花上 10 分钟与他人进行一次令人愉快的交谈，那么你在随后进行的智商测验中就会有很大的分值提升。与优秀的人交谈，同样可以让你更加聪明。假设你需要为他人提建议。比如，一位年长的同事跟你说他没有达成预定的目标，那么你会给他什么建议？或者 14 岁的侄女打电话给你，说她和父母闹了矛盾，你又会给她什么建议？虽然你给出的建议未必有用，但研究显示，如果你与你看重的人（比如配偶、挚友或导师）讨论一下这些待解决的问题，经独立思考后再给出建议，你的想法就会更具实践性、更加明智。研究显示，一般情况下，积极共鸣能够激发集思广益的力量；与他人一起群策群力，能够更好地解决难题。你与他人之间产生的积极共鸣或爱，能够在当下拓展你的意识，从而提高你的智力水平，开启你的智慧。

除了已经谈到的暂时性效果，积极共鸣还能够提升一个人的持久性认知能力。例如，老年人与他人接触得越多，其认知能力下降与患阿尔茨海默病的风险就越低。然而，爱不仅能够防止老年人的认知能力下降。科学研究已经证实，人们与朋友、邻居以及亲戚间的交流频率与他们的认知能力也明显相关。与所爱之人反复产生情感联结之所以会让你获得持久的智慧，原因之一在于它赋予了你一个内在的咨询对象。假设你需要解决自己或某个密友面临的两难问题，然而，出于某种原因，你无法与导师、配偶或挚友等你信赖的人展开讨论（他们也许外出旅行、非常忙碌，甚至是已经去世）。研究显示，你想象与这些人进行一次谈话，与你们之间展开一次真正谈话的效果相似。所以，你可以在心中向他们求教，征求他们的建议。这样，你所信赖的父母或导师即使离世，也仍能帮助你开启智慧，引导你度过人生的艰难时刻。过去爱的时刻与情感联结让你拥有更加明智的人生。

英国诗人约翰·梅斯菲尔德的《生物学》（*Biography*）一诗的结尾几行，闪耀着真理的光芒。在诗中，诗人反复思考着在他死后历史学家将如何评述他的人生意义：他的人生最终只简化为“日期与事实的列表”，却没有人了解诗人曾有过的黄金岁月。

> 最好的信任留给幸福的时刻。
>
> 它们的给予令人类不再恐惧摆脱不掉的宿命，
>
> 也让人类激情澎湃、另辟蹊径。
>
> 幸福的日子让我们变得更聪明。

变得健康。爱不是特效药。不要妄想某个积极共鸣就能让你更加健康，就像你不能奢望一年吃上一口西兰花就能更加健康一样。不过，摄入各种新鲜的水果和蔬菜的确能够让你更加健康；不断体验爱，情同此理。

在我的积极情绪与心理生理学实验室中进行的实验证明，爱对持久改善人们的身体系统确实发挥了作用。在该实验中，受试者被随机分成两组，一组受试者学习如何更频繁地激发爱，另一组受试者则不接受学习。两组受试者对爱与社会交往的每日报告都有所不同。恰恰是这些不同明显改善了学习组成员在静止状态下的迷走神经张力。我们发现，激发爱的训练对学习组受试者的心脏功能产生了持续有益的影响。

迷走神经张力是副交感神经系统健康状态的一个主要表征，有助于你在经历惊吓后尽快恢复平静。目前，心脏病是美国人的主要死因，医生可以通过你的迷走神经张力情况准确预测你患心力衰竭的可能性，同时预测出你的存活概率。此外，迷走神经张力与慢性感染之间的关系密切，因此它也能反映出一个人免疫系统的健康状况。慢性感染是心力衰竭、中风、关节炎、糖尿病甚至某些癌症的已知致病因素。我们的实验表明，通过学习如何去爱，能够降低患病风险。

目前，我的积极情绪与心理生理学实验室正在从分子层面上研究爱的作用，以期了解爱所带来的益处的生物路径。我们定期采集志愿者的血液样本，并与加州大学洛杉矶分校的基因组专家史蒂夫·科尔（Steve Cole）合作，跟踪测试随机指派的“爱”的情境是如何改变人类细胞中的基因表达的。过去的研究发现，长期的孤独感（对更多积极共鸣的持续性渴求状态）会损害人体的基因表达，特别是控制炎症的免疫系统内的白细胞的基因表达。我们正在验证的假设为：情感联结的频率增加会改变人类的基因表达，从而增强人体的免疫力，让人们保持健康。

研究人类日常生活中的爱的微小瞬间，有助于证明积极社会联结与健康、长寿之间存在关联。大量研究均已证明，享有多样化社会关系的人更加健康、更加长寿。最近一批纵向研究特别将积极情绪与健康长寿联系起来。此类研究暗示，缺乏积极共鸣对于健康的损害实际上比吸烟、酗酒或肥胖更严重。这些研究还特别指出，受到关爱、拥有亲密关系的人较少患感冒、低血压，而且他们患心脏病、中风、糖尿病、阿尔茨海默病以及某些癌症的概率也更低。加强与他人的交流，改善与他人的交流方式，能够避免多种导致健康受损或寿命缩短的情况发生。

唤醒你的爱

如你所见，爱如涟漪，会在你的生命长河中荡漾开来。研究显示，当积极共鸣产生时，你的意识范围会自动拓展，让你能够看到平时无法看到的风景。同样，处于爱中的你的身体会主动向对方靠近，向对方发出肯定的信息，帮助你们和谐共处、更加亲密。随着时间的流逝，爱慢慢地改变了你：爱拓展了你的关系网络，增强了你的复原力，提升了你的智慧，也改善了你的健康。

这些爱的涟漪不仅会对你产生影响，它们同样会作用于与你分享积极共鸣的每一个人。因此，当你升级对爱的看法时，就可以创造更多爱的微小瞬间，这样你不仅能自己获益，也会施益于人。如此循环往复的分享，无论影响多么细小微妙，都有助于我们建立并强化健康的社群与文化。

“所欲即所成”——我写作本书的目的就是要让你看到这一诗句中的智慧，告诉你这一诗句背后的科学证据。虽然某个单一的渴望看似转瞬即逝，但只要不断为之努力，渴望就会变为强大的生命力。一阵风吹过，几乎不会改变树的形态；然而，当很多树的枝叶都向西倾斜，我们就能够看到风的力量。有关积极共鸣的科学研究告诉我们，当你把爱当作渴望，就能够改变自己的人生，也会令他人得到提升，帮助他们变得更好。我希望，你能够消化、吸收我在第一部分中讲述的科学观点，唤醒自己对于爱、对于生活中更多积极共鸣的渴望。你已经清楚爱会对你产生何等深刻、广泛的影响，那就做好准备做一些改变，哪怕只是一些微小的调整也会让你受益匪浅。我在本书第二部分会告诉你该怎样做。

第二部分

爱的方法

第 5 章
爱是一种感觉

爱非顽石，静止不动；

爱似做面包，须揉捏塑形；

爱须时时激发，方能历久弥新。

——厄休拉·勒古恩

在第二部分中，我们要从个人与现实的角度出发重新思考爱。在生活中，你在何时、何地、与谁在一起时会感受到爱？你还有哪些尚未发掘的爱的机会？

从本章开始，我会一一道出上述问题的答案，你可以依据这些具体的做法，拓展爱的范围。

在过去 10 年中，我的研究项目发现了大量证据，证明了冥想的益处。在接下来的 4 章内容里，我会在每章至少提供一种冥想练习的方法。不过你无须担心，如果你觉得冥想不大适合你，我还有很多方法供你尝试。我把这些方法称为“微小瞬间练习”，因为它们可以让你在短暂的时间内增强注意力、拓展觉知力。

你无须强迫自己接受或是尝试我列出的每一种方法，实际上，我断定你根本不会那样做。不过，你可以抱着一种做实验的开放心态，花些时间观察这些练习会如何影响你以及你与他人之间的互动，找到一个或几个对你有效的练习，然后找出日常生活中某一个反复出现的场景，它可以引领你专注于某个选定的练习。比如，“我从停车场走到办公室时可以练习赞美之爱”。研究证明，像这样切实具体的计划能够产生令人惊叹的效果。

无论如何，请做好准备去发掘爱，因为爱的潜力无限。我这样说至少有两个原因。首先，积极情绪无处不在。尽管人类天生习惯从周围环境中发现危险与消极的一面，但大多数人经常感受到的还是积极情绪。这种对积极的趋向性反映出的事实令人心安，即人生中的大多数时候其实还是让人愉悦的。比如，在你读到这句话的此时此刻，我想你应该是很舒服地坐着，肯定没有人用针扎你的眼睛。所以，对于此刻你还有什么不满呢？放松自己，享受当下就好。看看周围你就会发现，如果你能向身边的积极情绪靠拢——无论是令人舒适的环境、积极向上的工作氛围，或是旁人友好的微笑，那么你就可以让积极情绪占据上风。

爱的潜力无限的第二个原因在于，社会互动同样无所不在。人类是社会性动物。你的生活处于不断扩大的关系网络、社会联结与更加广泛的群体之中。简单统计一下某一天你看见的或者与你交流的人的数量，即可见一斑：他们不仅包括你的家人、朋友、同事，还有邻居、熟人、你碰巧光顾的商店里的雇员和其他顾客等。爱能够鼓舞、滋养你，也能鼓舞、滋养你遇到的所有人，甚至是你所属的整个群体。

爱的核心是一种感觉，一种关乎身心的感觉。爱能让你的整个身体都感到放松，胸中涌动着开放与包容，仿佛你的心张开了双臂去接纳或拥抱其他人。这种感觉让你想要更用心地去倾听、更仔细地去观察他人。爱促使你希望他人过得更好，真心实意地祝福他们一切顺利，告诉他们你有多么在意他们，向他们传达你的温情与关心。我们会在许多时刻感受到爱。比如，当你第一次怀抱新生儿，或是与多年未见的好友再次相聚时，你的心底都会涌起爱；当你看到一只小猫、小狗或其他小动物时，你的心就会变得柔软，想要表达出喜爱与关心。你会发现，当你与所爱的人在一起时，你会经常感受到这种暖流在身体内涌动。实际上，从达尔文到埃克曼，无数科学家指出这样的温情是维系家庭的纽带。不过，我希望你知道，你具有爱自己与爱他人的巨大潜力。每一次你遇到另外一个人（或是遇见自己），你都有机会体会这种柔情与温暖、包容与善意。整个第二部分，包括本章，就是要为你提供具体的方法，让你与更多的人分享爱的温暖与柔情。

用真诚与足够的时间培养爱

在阅读第二部分时你会发现，我所推荐的关于爱的练习都是单人活动，完全可以独立完成，你只需调整注意力，或花些时间进行自我反省或冥想。你可能会想，既然爱只有在与他人发生联结时才能体会得到，那么这些练习怎么可能起作用？何不直接进行能够改变你与他人互动的干预练习，比如更多地对他人报以微笑、点头示意、相互靠近，或与他们的动作同步？

原因有二，首先是真诚。比如，员工在工作中被要求“对顾客微笑”或是“开心一点儿”。虽然员工（还有他们的上司）的出发点都很不错，但这些工作人员的表情以及行动却往往是勉强为之或是装出来的。你很清楚他们并不是出于真心，于是，你会对他们的行为产生怀疑与不满。你会想：“他打算向我推销什么？”怀疑让你心生戒备，以免受到诱骗。研究也证明，发自内心的微笑与这些所谓的社交性或毫无感情的微笑之间存在明显的差异。只有真诚的微笑能够让你的苹果肌上扬，让笑纹在眼角漾开（或加深）。除此之外，真诚的微笑在持续时间上也与非真诚的假笑有所不同：真诚的微笑会在几秒钟内出现、消逝；而非真诚的假笑要么转瞬即逝，要么像妆容或面具一样僵在脸上。通常，你像大部分人一样，在压根不想笑的情况下很难挤出微笑。而且，对于他人非真诚的假笑，你也会格外敏感，尤其是在你们有眼神交流的时候。

因此，我们需要从独自播种爱的种子开始，而不是在社会交往中开展爱的练习。原因之一就在于要避免因过于努力调整自身的非语言行为从而可能产生的回旋镖效应[①]。你需要由内向外地培养真正的积极情绪，这样才能成功。熟悉“方法演技”的人对此非常了解。方法派演员不只是要简单模仿角色的外在情绪、行为，还要回忆、重现自己生活中与人物角色相似的情绪反应，这样才能让他所塑造的角色更加有血有肉、更加真实。

我的家乡北卡罗来纳州的宣传语是“是，总比模棱两可好”，它相当于拉丁谚语中的“求真务实”。这句话出自公元前1世纪著名的罗马哲学家兼政治家西塞罗之口。西塞罗在《论友谊》一篇中提到，“没有德行，就无所谓友谊”。西塞罗认为真正的友谊非常罕见，“因为很多人只是抱着看上去具有德行的想法，而不想真正拥有这些美德”。令人惊叹的是，西塞罗对于友谊的论断与我在本书中（特别是在第2章中）对于积极共鸣的论述具有相似性。西塞罗认为，除了善意、感情与慈爱之外，友谊也包括同情心。没有真诚之心存在，与他人之间的这种真实联结就无从谈起。在西塞罗看来，阿谀奉承（“故意逢迎他人的虚假话语”）从本质上来看都是有害的。现代科学也证明了这一点。虚

① 在社会心理学中，该术语指意在说服他人采取某一选择的行为却导致与预期目的截然相反的结果。——编者注

假的积极共鸣会产生有害的、不真诚的感情，可能会源于彼处、施之彼身，对虚假行为的始作俑者造成最严重的伤害。若要做到真正有爱（而非看上去有爱），你确实需要花些时间和精力去练习。

从单人练习着手的另一个原因在于，真正的积极情绪需要足够的时间来培养。通常，在充满爱意的温情萌芽之前，你需要抛弃自我陶醉的种种情绪。单人练习对此至关重要。虽然这些练习不会直接产生积极共鸣，但它可以为最终的爱之盛宴搭建好平台，我称其为“预备练习”。它们会让你的思想、心灵、眼睛和耳朵在真正的联结有可能发生时，为积极共鸣做好更加充分的准备。做好这些预备练习，当爱的机会出现时，你就可以沉着冷静地加以利用，而不是对它们毫无察觉或者视而不见。在与他人进行互动之前的此类预备练习，可能是以最自然的方式产生积极共鸣的最佳路径，你只需追随自己的内心。正如西塞罗所说：“除非你眼中看到了敞开的胸怀，并且同时敞开自己的心扉，否则你不会感到自信，也不能肯定自己是否在爱或者被爱，因为你根本不了解哪种情感才是真实的。”

每日简要回想练习

我们是在完全偶然的情况下发现了令人体验到更多爱的首要方法：在每天晚上临睡前，回想一天中你所经历的时间最长的 3 段社会互动，问问自己对与互动对象之间的联结以及同步有何感觉。他们可以是你的家人、朋友、同事，或者是你刚认识的人，而且他们可以在你的回想中多次出现。

几年前，我和学生在一个纵向研究中融入了这样的每日简要回想练习，用来追踪研究受试者在社交体验方面的差异。实验证明，与对照组相比，那些随机被指派去练习慈爱冥想的人能产生更多的日常社会联结，体验到更多的积极情绪。然而，我们没有预料到的是，只参与每日调查而没有练习慈爱冥想的对照组人群，随着时间的推移，也产生了更多的社会联结与积极情绪。这是一项新发现。此前，我们进行过多次纵向研究，其中，按照研究要求，受试者必须每日提交情绪报告。我们并未在这些研究中发现每日回想情绪体验能够改进受试者的社会联结。但在该项研究中却出现了这一情况。前后者唯一的不同在于，我们在后者中加入了有关社会联结的问题。附加在每日报告模板的两个社会联结相关问题，使得对照组中也出现了螺旋式上升。

更奇妙的是，社会联结的增强还能通过增强迷走神经张力，预示出人们心脏功能的变化。若非如此，我们可能会觉得研究结果纯属臆测，或是由于研究受试者听闻我们的兴趣所在（社会联结以及积极情绪），而（通过他们的每日回想报告）呈现出我们希望得到的结论。然而，对社会联结的回想似乎能深入人们的身体内部，长久地影响他们的心率活动。这样的结果促成了我们的进一步研究。

这一突如其来的研究发现，还成为我的学生贝瑟尼·寇克的论文中某一重要观点的来源。贝瑟尼随机挑选了一些上班族受试者，让其中一些人每天抽出一分钟的时间回想当天在与他人互动时感受到的联结和同步；同时指定另外一些人回想一天中耗时最长的 3 项任务，并评估这些任务的有用性和重要性，用以收集前一种回想方式在产生重要的情绪以及生理改变方面的明确数据。我们在第一组受试者中再次观察到了日常积极情绪的增多以及研究结束后迷走神经张力的增强。

我们认为，真正的关键因素远不只是每日回想。我们推测，每日的测试问题可以提醒人们自己每天经历的社会互动不只是物品或者信息交换那么简单。带着这样的想法，人们可能开始更加用心地对待每一次与他人的互动，从而与他人建立真诚的联结，而不只是泛泛之交。我们的推测尚待你去亲身验证，因为每日测试问题也有可能并不会造成人们行为上的改变，只是让他们变得对于已经存在的积极性联结更加敏感，更有可能关注、重视这些联结。

我建议你尝试一下这个练习。你在注意力方面的稍许改变就可以让你的健康以及幸福状况大为改观。

你可以在几周的时间里，每晚都回想一下一天中历时最长的 3 次社交互动，看看以下两个说法是否符合你的情况。

- 在这些社交互动中，我感到与周围的人同步。

- 在这些社交互动中，我感到与他人亲近。

对这两个说法的真实性进行评分：最低 1 分，表示完全不符合；最高 7 分，表示非常符合。把你的得分情况记下来。

♥ 多娜的故事

多娜多年来一直在尝试各种能够提升幸福感的新方法。不久前，我跟多娜说了社会联结每日回想研究的初步发现，当时，多娜正被工作上的挫折搞得焦头烂额，还失去了几个工作中的好搭档。作为单身女性，她还感到情无所依。这些问题导致多娜的压力很大，她开始失眠，整个人无精打采，也没有什么自信。有一天，我对多娜说起自己和贝瑟尼的偶然发现，我们觉得回想练习方法就像是慈爱干预法的浓缩版：只有一分钟长短，内容精简扼要，却可能会产生与慈爱干预法相当的效果。

多娜已经尝试了很多种积极心理干预方法，但效果都不明显，因此她立刻产生了兴趣，并提出各种技术性问题。我告诉她，我们的研究受试者要做的事情很简单，不过是回想一天中历时最长的 3 次社交互动，然后回答两个问题。多娜很想知道如果每天历时最长的 3 次社交互动能为她注入活力（而非让她筋疲力尽），并且成为她的力量源泉（而不是让她失望），那么她的生活会有何不同。她依据我们的方法，形成了自己的幸福干预法，为自己设立了新的目标：每天至少要拥有

3 段能产生积极共鸣的社交互动经历。虽然她无法控制日常生活中的不确定性和挫败感，但她可以努力建立更多的情感联结。

但由于多娜是个单身女性，新目标实现起来颇为困难，好在最初的回报给了她坚持下去的动力。积极心理学中经常会用“3 件好事”练习，即在每天结束的时候，写下当天发生的 3 件好事，然后思考一下每件事情背后的原因。这个方法多娜根本坚持不下去。然而，她却坚持住了“3 个爱意联结”练习。几个星期后，她写了一封信给我，说这个小练习让她的生活状况“大大改观”。她还发现，爱让她拥有了更多的信心与勇气。她享有的爱意联结越多，就能越积极地面对工作中的种种挫折。

多娜发现，她自己设计的“3 个爱意联结”练习有两大好处。首先，这个练习让她主动去寻找她愿意与之相处的人，激励她不断改善自己的社交关系。比如，她会在辛苦工作一天之后，给 20 多岁的侄女打个电话，聊聊天，一起开怀大笑。随着和侄女通电话的次数越来越多，两人的关系也越来越亲近。同时，她与家人和朋友走得更近了，跟他们的关系也变得更加亲密。“3 个爱意联结”练习的另一个益处是，多娜开始不断寻求能够改善不良人际关系的方法。她与家人和朋友间的积极关系已经成为她生活的常态，她也在努力改善不良人际关系。她相信，这些强有力的人际关系能支持她达成自己的后续目标。

大概一年之后，我约多娜共进午餐。我问起她的近况，她说自己过得非常好。她的状态就是最好的证明，她看上去比上次（就是我告诉她我们实验室的偶然发现的那次）更加放松、更加快乐。后来我知道，她的生活中还是经常会有挫败出现，当我听她描述她的挫败时，甚至觉得她现在的情况比她之前碰到的情况更糟。她说，不同之处在于，现在这些不断出现的消极情绪已经无法影响到她，也不会对她造成伤害。每天培养“3 个爱意联结”让她的思维变得更开阔、胸怀变得更宽广，从而使她能够更积极地面对人生困境。虽然她还是孑然一身，但她明白爱其实有很多种不同的表达形式。她知道，虽然家人不在自己身边，但她永远都是家中的一分子。她已经和小区里的几家人成为朋友，而且她和同事的关系也不像之前那样一塌糊涂，她在工作中也找到了几个好朋友。

回想一下，当你与某个人真正心意相通，能够轻松地分享彼此的想法与感受，那是一件多么令人振奋、让人欣慰的事情。随着每一天的日升月落，尝试找到至少 3 个与他人心意相通的机会，并且心怀暖意、敬意和善意。你可以在家中、在职场中、在邻里间，或是在社区外寻找这样的机会。无论你身在何处，都可以尝试对他人敞开心扉，关心、帮助他人，通过眼神交流、对话或是适当的身体接触，去营造一种安全感。与他人分享你的积极想法与感受，认真对待他人与你分享的一切。之后，你再回想一下，这样的交流是否让你感受到了积极共鸣，哪怕程度非常轻微。刻意寻求能够产生更多爱意联结的机会，也能改善你的健康状况，提升你的幸福感。

慈爱冥想练习

我在第 1 章中提到了慈爱冥想这个方法。数千年来，冥想使人们的心灵更加开放、更加仁爱。我会具体介绍这种方法，它可加深你的觉知力。作为激发积极共鸣的方法，慈爱冥想很值得一试。

首先（也是最重要的一点），慈爱冥想有助于调整你对他人的惯常态度。你很可能在一天中的大部分时间里，都被当下的期许、计划和目标紧紧束缚，且过度专注自我。你会琢磨要穿什么衣服、要吃什么东西、要做什么事情、要去什么地方；你会在待办事项清单上把事情分出轻重缓急；你会思考在可能难以应付的会面中应该说些什么。毕竟，你才是自己生活的第一主角，其他人不过是配角，大多数人对你人生的主线情节没有特殊的影响，由此，在你的思维范畴中，其他人几乎不占据重要的位置；有时，你甚至会将一些人看成“道具”，认为他们对你和你的人生没有真正的意义。

你的看法就是如此。毕竟，每个人都是自己人生的主宰。如果你放弃了自己的人生剧本，拿起了另一个人的大纲，那么这个人就会突然扮演起相当有分量的角色。你会开始欣赏他的期许、计划和目标，发现他不是一个小角色，而是和你一样有血有肉、有憧憬与不安的真实的人。

慈爱冥想能打开“觉知之门”，将你从自我专注的窠臼中拖拽出来，让你不再理所当然地把他人视为你人生中的道具或无关紧要的小角色。慈爱冥想能拓展你的意识、眼界、思想和心灵，让你带着温暖、慈爱和对他人福祉的良好祝愿，更加友好地看待他人，与他人建立起可以产生积极共鸣的联结。

慈爱冥想要求人们静思，关注自己的呼吸与心跳。开始的时候，你可以定时，大概 10 分钟。待熟悉到能够更加舒适地进行练习时，你可以将每天的冥想时间延长到 20~25 分钟。随机对照实验显示，被指定平均每周冥想 60 分钟的受试者在坚持数月之后都有了不同程度的收获。总计下来，他们相当于每周进行三四次冥想，每次用时 15~20 分钟。

慈爱冥想本身的目标并不是视觉联想，而是体验充满爱意的感觉。你可以默默地重复一组话，其中每句话都是对他人福祉真心实意的祝福，由此激发内心温暖的感觉。对有些人来说，慈爱冥想乍看上去有些虚假，就像是人造糖精。对于这种错误印象，我完全可以理解。虽然慈爱冥想的目标看上去是要人为地培养积极情绪，但实际上我们根本不可能凭空制造出某种情绪，就像你随意而坐时，不会平白无故地感觉左小腿疼。慈爱冥想所做的是为积极情绪搭建舞台，让我们通过默想某些念头和愿望，从而向这些念头和愿望可能产生的积极情绪敞开胸怀。你可以确立好目标，然后看看接下来会发生什么。

有些人在最初接触慈爱冥想时，认为他们应该把“积极起来吧”当成自己的座右铭。我强烈反对这种做法。一旦激活了这句座右铭，即便你的初衷不错，也会在无意中做出损人不利己的非真诚行为，就像是把混乱纷扰的现实都贴上“平静有序”的标签。研究显示，过度努力地追寻幸福，反而会适得其反。与其把“积极起来吧”当成你的座右铭，不如轻松接受积极的思维方式和心态。我觉得“敞开胸怀吧”这句话更好一些，它几乎在所有情况下都可以作为情绪调整的催化剂。

开放性对于慈爱冥想来说尤为重要。虽然慈爱冥想的目标是激发内心温暖的感觉，但我们也不能紧盯着这个目标不放，而是要对任何可能性都持有开放的态度。有时，你确实会觉得你的心充满了对他人的温情与关切；有时，你却冷漠无感。这些感受都是正常反应。若要避免非真诚的积极情绪与虚假的慈爱冥想所带来的毁灭性后果，最好的方式就是坦诚接受自己的真实情绪。对由内生发的感觉尤其要注意，毕竟，人类的思维很容易落入一厢情愿的陷阱。你可能会被自己的思维欺骗，认为自己感受到了期许已久的那种爱意，可是身体却不会欺骗你。在进行慈爱冥想的时候，你要相信身体的感受，而不是头脑里的想法。

刚接触慈爱冥想的人会怀疑它的意义。他们对此心存疑虑：“只是想想这些愿望，就能够消除所有麻烦？可能吗？”我可以肯定地说，研究证明，慈爱冥想激发出的积极情绪会让你感受到更多的积极情绪。更加强烈的积极情绪能够让你的姿势、呼吸、身体语言和面部表情更加放松，与你互动的人很快就能够感受到你的真诚。非语言动作具有感染性，你的率真能够让他人变得更加坦诚、更加放松，从而提高你与他人之间同步的概率。慈爱冥想能让你更好地应对新情况，更多地看到事情好的一面，对自己的未来和他人的潜力充满信心。慈爱冥想练习结束后，你的语言和非语言行为都可能发生改变，你会让他人更有安全感，更愿意向你敞开心扉，从而产生情感联结。

在进行慈爱冥想练习时，你要避免非真诚的态度，还要具有掌控全局的智慧和冷静的头脑。后退一步，以中庸的方式通观全局，你会发现所有人在最关键的方面都是相似的——大家都有期许、感情与憧憬，渴望舒适、安全和幸福。你可以温柔地提醒自己，你与其他任何人之间有着怎样的内在联结，你和其他人对安全感、幸福的追求有着怎样的实际交互。

你还可以提醒自己，无论你心怀多少温暖的祝福与期许，你真心关爱的人也免不了遭受痛苦的折磨。当你明白人生之苦无法避免，而爱是能给我们带来安全感的源泉时，你就会积极地追求幸福与福祉。

提升慈爱冥想的中庸智慧，可以使这个练习更加真实。缺少这种智慧，你会发现自己对结果太过执着，从而陷入这些愿望必须实现的错觉中。对某种结果或状态的执念（而不是对可能发生的事情或现实的包容），会让你错失爱的机会。

你可以找一个不受打扰的安静之处，在椅子上坐好，让尾骨舒适地与椅面接触，脊柱挺直，后背略微离开椅背前倾。双肩放松，略微向后展开。这个姿势可以让你在呼吸时充分打开你的胸腔，为你的心脏创造更大的空间。双脚在地面上放平，脚跟和前脚掌同时着地，双手掌心向下置于大腿上。如果你觉得这个坐姿不够舒适，就找一个能够让你保持警醒的放松姿势，同时保证胸腔充分打开。调整好身体姿势之后，眼睛微闭，如果感到不适应，也可以轻柔地注视前方的地面或者某个简单的静物。

你需要关注心脏的感受，关注每次呼吸为心脏带来的新能量，让你的心脏向全身输送充满生命力的氧气。现在，在这个静谧的时刻，想象平时温柔待你的人和物，可以是子女、配偶，甚至是宠物。当某个人微笑的脸庞浮现在你的脑海里时，用最轻柔的方式去触碰有关这个人的美好回忆。你的目标是通过回想与这个人发生的情感联结，自然地激发出内心温暖的感觉。

让这些感觉在你的心中扎根，催生出真正的温暖和慈爱。现在，轻声默念慈爱冥想练习的经典语句，不用拘泥于任何形式。

愿这个人（或我/我们/他/她/他们）感到安全。

愿这个人感到幸福。

愿这个人身心健康。

愿这个人生活惬意。

这些词句本身不及它们所要激发出的柔情和爱重要。你可以改用最能激发你内心柔情的语句，也可以试着扩展每句话，将每个愿望表达完整。

愿这个人感到安全、有保障，就像躺在母亲怀中的婴儿。

愿这个人感到幸福、平和。

愿这个人感到健康、充满活力。

愿这个人生活惬意。

尽管思维可能会拉着你快速前进，但你要跟随身体的节奏，试着慢慢回味这些语句。每次呼吸只默念一句，想象每个愿望成真的情景。在两次呼吸之间短暂停顿，真正地关注你的身心，体验新的感觉。为某个你所爱的人重复这些语句的时候，你会在想象中看到你的美好祝愿进入他的身心，就像一束光或是一条慢慢舒展开的金色缎带。

在为你爱的人缓慢而坚定地重复默念这些语句若干分钟之后，让他的模样慢慢淡出你的脑海，仅仅留住你心中的柔情。

接下来，把你的关爱之情转移到另外一个人身上。想象这个人的脸庞，回想与他的所有美妙瞬间，缓慢地重复默念慈爱冥想练习的经典语句或者你喜欢的语句。想象一旦愿望成真，他会是什么样。在每次呼吸后短暂停顿，关注你的身心反应。

随着练习的不断推进，你可以把你的朋友、家人作为一个整体，让他们慢慢进入你的身心，通过对慈爱冥想练习的经典语句的欣赏、品评，为他们送上衷心、美好的祝愿。接下来，把与你有关联的所有人纳入慈爱冥想练习——甚至是那些关系疏远的人，比如上一次你寻求技术支持时接待你的服务人员。通过这些语句，尽量表达你的善意。

冥想结束时，你要暗暗提醒自己："我可以在任何时候激发出这些慈爱、温暖的感觉。"花些时间做这个练习，积极情绪就可以随时被激发，你也能更好地体验与他人之间真正的情感联结。

冥想练习是一项非常私人化的活动，最重要的是要抽出时间来练习。我们的研究显示，每周练习 60 分钟就能让你的生活产生很大的改变。你可以选择每天早起床 10 分钟，独自一人安静地默念慈爱冥想练习的语句。

通过练习加深爱的联结

爱不是你碰巧撞上或者陷入其中那么简单。爱无法预测，它就像一场突如其来的大雨，毫无征兆地在浇在你身上，但你仍可以通过努力播下爱的种子，让它生根发芽。这一切只需你拥有发现爱和爱的土壤的慧眼。放慢脚步，向他人敞开心扉。回想爱意联结发生的时刻，主动把它们找出来，或是通过慈爱冥想来滋养你的心灵。尝试这些练习，看看在你和他人之间会发生何种改变，让自己的身体去发现爱的存在。通过我在本章中介绍的任何一种练习方法，你可以把关注点由自己慢慢转移到他人身上，这种转移本身就为你开启了爱之门。

关注这种转移在你体内激发出的感觉，关注你在体验真正积极共鸣时的感受。随着交流的不断加深，爱意联结会变得更加有力。你会发现每一次新的互动都是一个机会，而不是某种义务或者障碍。你在与他人产生积极共鸣的时刻，也在分享着彼此的积极情绪，这将使你的思维更具开放性。

现在，你知道了积极共鸣的要素和效力，就可以从新的视角去看待与他人之间的每一次接触与相遇。当然，你不可能把所有的人际交往都升华为积极共鸣，毕竟你只能重塑自己在每次人际交往中的行为与情绪。所以，不要给自己提出不切实际的要求。你一定要观察你能否将一天中与他人的互动升华为爱意联结。这些日积月累的小小改变会让你拥有健康和幸福。

第 6 章
爱是一种技能

> 我就是我，已经足够。
>
> 默默无闻，我安坐于斯。
>
> 妇孺皆知，我亦安坐于斯。
>
> ——沃尔特·惠特曼

俗话说，爱自己才能爱他人。事实的确如此。虽然本书从头至尾都将爱定义为“人与人之间共享的积极共鸣”，但知人者与被知者之间——主体的我与客体的我之间——分享的积极情绪，为其他所有形式的爱奠定了重要基础。

爱自己与积极共鸣的所有形式一样，需要安全感与联结两个因素。你可能会遇到两大障碍。对于有些人来说，这两大障碍会合而为一，成为一块不可逾越的巨石，挡在他们面前。爱自己的第一个障碍是自我贬损，认为自己不配得到爱或他人的认可。从某种隐性、潜在的层面看，你可能会无视自己的优良品质，囿于自己的缺点而不能自拔。你可能会觉得自己必须弥补那些性格缺陷，这样才能完全接受自己、爱自己。“如果我……”省略号后面的内容，是你觉得自己不曾拥有的那些理想特质：更瘦、更美、更善良、更有钱、更聪明、更有活力、更有成就、更有条理、更成熟等。于是，你会一直等待，你认为直到这些条件一一得到满足，你才能释放出对自己的爱。然而等待永无终结，于是，爱自己变得遥不可及。

爱自己的第二个障碍是自我膨胀——认为自己比他人更加特别或更值得珍惜，或者你虽然没有沉湎于优越感之中，却觉得自己能力突出或是格外成功，因而自视甚高。这个障碍会伪装成自我关爱，因此很难辨别。毫无疑问，自我膨胀也具有积极性，但即便如此，它也并非真正的自我关爱。自我膨胀的明显标志之一就是它极具局限性。如果从反向的角度来看待这些积极的自我评价，我们就会看到深度的自我迷恋。尽管此种自我迷恋通常被视为过度爱自己的表现，实际上二者完全不同。如果你认为自己格外值得被他人重视、格外具有洞察力或者格外优秀，即便这些想法只是停留在某个未曾言说或未被识别的层面之上，那么其他人在生活中都要面对的琐碎与缺陷，对于你来说就会被不成比例地放大，被看成是对你的威胁或侮辱。如果你有这样的问题，那么你的幸福就取决于他人是否像你希望的那样对你的缺点视而不见，以你希望的方式对待你，或者以你希望的形式给予你尊重。实际上，自我膨胀通常是一种自我防御，是用以武装自我的盔甲。它可能是披着自大外衣的自我贬损。

自我贬损和自我膨胀这两大障碍，阻碍了激发爱自己所需的安全感与联结，夺去了你感受合一性与和谐性的智慧。从根本上来说，在精神层面不存在将人分成三六九等的社会等级。其实，你不比别人优秀，也不比别人低劣。抛开大脑有缺陷的人不谈，所有人思考、感受与爱的能力基本上水平相当。即使我们各有各的缺点，但每个人都有权利获得尊重与爱，你也不例外。与任何人一样，你也应该爱自己。

如果放弃爱自己，又会怎样？如果你不讲任何先决条件地接受了自己，又会如何？你是否能够像沃尔特·惠特曼所说的那样，无论是默默无闻还是妇孺皆知，都能够坦然地接受自己？本章将要介绍一系列练习，让你能够敞开胸怀接受自己、爱自己，甚至包容你所有的失败与缺点。无论是慈爱冥想之类的正规练习，还是比较随意的练习，都可以让你体验自我关爱；它不是自我陶醉，也不是眼观口、口观心地逃避现实，而是像积极共鸣那样，可以提升你的健康与福祉。实际上，研究表明，爱自己对于你的健康和幸福来说，远比妄自尊大来得重要。

先练习爱自己

虽然人人都有爱自己的权利，但在实践方面却千差万别。很多人（可能也包括你在内）都觉得给自己多一些温暖与温情，是一件非常尴尬的事情。

对于像我们这样在避免自我贬损或鼓吹自我膨胀或两者兼而有之的文化中出生成长的人，这个问题似乎尤其突出。得克萨斯州立大学发展学科学家克丽丝汀·奈夫（Kristin Neff）对她称之为“自我同情”的自爱进行了科学评估，发现实际情况的确如此。她的研究显示，某些文化中存在严重的自我贬损与自我膨胀，在这类文化环境（比如美国）中生活的人自爱程度较低，从而导致此类地区抑郁症的发病率较高，居民生活满意度较低。

实际上，在教授慈爱冥想的人中有这样一种说法：西方学生尤其难以爱自己。马萨诸塞州巴尔镇内观冥想协会的联合发起人莎朗·萨尔斯伯格（Sharon Salzberg）算得上是西方慈爱冥想导师中的领军人物。20 世纪 70 年代，她在印度首次接触到了慈爱冥想，并于 20 世纪 80 年代在缅甸进行了深入的体验和修行。莎朗被称为将慈爱冥想引入西方的“第一人”，这并不为过。莎朗是我的研究团队的顾问，在测试慈爱冥想效果的实验过程中，她让我受益匪浅。

莎朗告诉我，西方学生在练习中经常很抵触激发对自己的爱。有些人进行这项练习的时候甚至会睡着，有些人则干脆放弃，认为自己无法做到。更糟的是，在慈爱冥想练习中，“自我”是焦点。按照传统的练习套路，练习者首先要对自身发出慈爱之愿，然后才能延伸到他人身上。很多人都将这一步骤视为无法克服的障碍。

莎朗还告诉我，慈爱冥想之所以把“自我”设定为起步阶段的目标，是因为“自我”应该是我们比较容易“爱上”的对象。实际上，希望自己过得好被看作像呼吸或是饿了吃渴了喝一样自然的事情。练习对你所敬爱的老师、挚友、自己等亲近对象发出慈爱之愿，可以让你培养爱的主要技能、掌握正确的爱的方法，之后再将慈爱之愿拓展到陌生人或难以相处之人等更为棘手的对象身上。其背后的逻辑是，练习应该循序渐进、先易后难，而不是一开始就让新手在最难实现的目标前望而却步。

同样，如果你觉得从练习爱自己开始特别困难，也可以考虑从你认为更易于让你释放爱的对象入手，比如你的恩师，或是让你一想到他就面带微笑的挚友。练习对这些人发出慈爱之愿，可能几周之后，你就可以开始尝试给予自己温暖与温情。在接下来的练习中，你自己可能才是“最难让你爱上的”人。这是一种比较普遍的现象。一定要记得，对练习目标排序，其重要性远远比不上投入时间与精力去养成慈爱冥想的习惯与技能。练习的最终目标是滋养你的心灵，让你更加愉悦、放松，能够自然地接受温暖与温情，关爱自己。

♥ 克服爱自己的障碍

如前文所述，请你稍稍回想一下你发出慈爱之愿的对象所具有的优良品质。当你头脑中想着某一个人时，充满柔情地回想他的好处：“慷慨”“友善”“包容”“诚实”“脚踏实地”“充满正能量”。无须列举太多，一两项就足够。不要把列举出来的好品质仅仅看成贴在这个人身上的空洞标签，而是要深入地思考这个人的存在，想想他对你而言的意义。可以温情地回忆有关这个人某一品质的具体事例。切记，回想某个人的优良品质时，你无须完全否认或忽视这个人的不足或缺点，你只需关注他的优秀品质，并对其敞开心扉。想着这个人的优点，就像向日葵追逐着灿烂的阳光——向日葵并不是感受不到黑暗，而是能够在白天从日光中汲取更多的能量。你也可以这样。

当你做好准备向自己发出慈爱之愿时，也可以遵循相同的步骤。在脑海中，以充满爱心的观察者身份看待自己。这不是让你想着自己上一次充当肖像画模特时的样子，而是要你完全接受自己本来的样子，没有一丝做作，也不必在意自己给别人留下什么印象。想象你现在穿戴整齐地坐在那里，或者想象你在处理工作时别人对你的真实印象。在头脑中形成了对自己的印象后，接下来充满柔情地列举出你的一些好品质，如“体贴”“有好奇心”“充满希望”“有创意”“耐心”。当时在你脑海中闪现的若干词汇就已足够，无须对自己的性格做全面的最佳描述。

如果一时想不起来自己有什么优良品质，该怎么办？别担心。确实会有这种情况，这很正常。莎朗·萨尔斯伯格在她的第一本著作《慈爱》（*Lovingkindness*）中讲到了“重新认识可爱之处”，这一概念是从广受欢迎的诗歌《圣弗朗西斯与母猪》（*Saint Francis and the Sow*）中引申出来的。美国诗人高尔维·金内尔（Galway Kinnell）在这首诗中描述了圣弗朗西斯如何将手轻柔地放在一头母猪的额头上，“用语言与触碰”提醒母猪它的价值所在。你有时候也会忘记自己的可爱之处，忘记太多你值得被爱的原因。“可爱”不是形容外在的美丽，就像金内尔在诗中所写的那样：“说到可爱，你应该不会想到一头猪。”然而，一头母猪通过自己的行为——通过它对待小猪崽的爱，表明它确实可爱。当你认识到自己的行为对他人、对社会做出了贡献时，你也能重新认识到自己的可爱之处。因此，当你认识到自己的价值与附加价值时，就会如金内尔所说，“从内在、从自我祝福中”爱上自己。

如果你还是很难找到自己的良好品质，不妨回想那些在意你的人对你的看法，以此绕过自我之爱的障碍。暂时停住日常生活的匆忙脚步，把自己定格在日常活动的某个场景之中：某个在意你的人，或某个欣赏你、给你温暖的人，在此刻正慢慢靠近你。他可以是你的恩师、挚友、伴侣、父母或亲戚；他们也许仍在你身边，也许早已离世。想象他正在提醒你找到自己身上被遗忘的可爱之处。也许他会像圣弗朗西斯一样把手放在你的额头上，用言语、用触碰，提醒你：你拥有良好品质。想想看，他会说些什么？你会想起什么？你脑中会浮现出怎样的自我形象？

♥ 欣赏自己的优点

你可以想象自己珍视的人练习慈爱冥想的情形，依此绕过在练习自我之爱的过程中的特殊障碍。想象你敬爱的恩师与亲友都围绕在你身旁。你是他们爱和关注的焦点，是这个想象中的社会群体的纽带。

就像进行慈爱冥想练习一样，你向他们每个人传达出希望他们感到安全、幸福、健康与惬意的良好愿望，这些人也希望你能感到安全、幸福、健康与惬意。想象一下，你在他们每个人的心中是怎样的印象？他们会想到你的哪些良好品质？抓住这些浮现在你脑海里的描述，并回想能够支持这些描述的行为，把这些行为看成是你的价值的外在体现。从这些你珍爱的人对你的积极看法中汲取养分，让自己在这样的温暖中放松下来。现在，想象一下他们每个人发自内心的对你的良好祝愿，就像是车轮的辐条，将由爱你的人所组成的外圈与你这个轮毂联结起来。此时，你或许会听到他们在齐声吟诵着慈爱冥想练习的经典语句祝福你。

愿你，（此处加入你的名字）感到安全、有保障。

愿你，（此处加入你的名字）感到幸福、平和。

愿你，（此处加入你的名字）感到健康、充满活力。

愿你，（此处加入你的名字）生活惬意。

从充满爱意的观察者角度看待自己，可以产生一种“欣赏性的觉知”，让你能够看到、真正感觉到你对周围的人而言有着怎样的意义。由此，你可以更好地发现自己的优良品质。当然，你也会有不尽如人意的地方，如果你的思绪被拽到了那些地方，不妨把那些缺点暂时搁在一旁，留待以后慢慢思考。这可是个难得发现自己长处的好机会，绝不能错过。

还有一个能够克服自我之爱障碍的方法：想象自己是周围人中的一员，和他们一起以“我们”为主语，默念慈爱冥想练习的句子。

愿我们感到安全。

愿我们感到幸福。

愿我们感到健康。

愿我们生活惬意。

这时，你可以思考一下自己和另外某个人（或某些人）共有的优良品质，想象你发自内心的良好祝愿正环绕在你们二人（或多人）周围，鼓舞着你们。你会发现，想着你与自己珍视的这些人携手并肩，会让你在通往爱自己的路上找到正确的方向，指引你更加舒适地移步向前。

即便你一时无法想到更多欣赏你的人来组成想象中的小圈子，也可以想象全世界正在练习慈爱冥想的人环绕在你的周围。毕竟，他们之中的每一个人都练习过如何向其他人发出他们的慈爱之愿。所有人都渴望也应该感到安全、幸福、健康与惬意。或许，这有助于你融入社会群体，并赢得其他人真挚的爱。

自我之爱的慈爱冥想

当你做好准备之后，试着跟随慈爱冥想的引导，用爱滋养自己。由于自我贬损和自我膨胀在作怪，你可能会忍不住想避免或尽量减少这部分练习。你一定要提高警惕，因为你可能会把对于自我之爱的忽视看成是谦逊或者对他人的同情。尽管这样的所谓“合理化解释”非常普遍，但请忽略它，你只需体验、发掘自我之爱。在体验的过程中，要注意观察、探究哪些因素让你心生抵触。尽管抵触可能会促使你放弃，但你一定要下定决心，坚持到底。我保证，一旦投入其中，你收获的一定比放弃要多得多。避开了这样的挑战，你就失去了可以提升智慧的机会。如果你能战胜这些障碍，就会对自身和爱有更强的意识与更好的理解。

如果你在进行慈爱冥想练习时将“自我”设定为练习目标很容易失败，那么不妨抽出几周时间做做专注于自身的练习。你最好在日历上标注出来，我的研究小组对受试者就采用了这一方法。研究受试者接受的第一次引导冥想就是全心专注于自身，并且在前两个星期内每天都进行这种特殊的冥想练习。很多慈爱冥想导师都发现，练习者对自我关爱的发掘为日后的爱之拓展打下了坚实的基础。你可以以此说服自己进行专注自我的练习：专注自我的练习有助于提升你释放爱意的技巧。

你可以从关注身体的感受起步。身体自有其步调，思想亦有其独立性。关注身体的感受能够让你放慢人生的脚步。当你将注意力转向身体的感觉，你就会发现自己需要舒展肢体或是享受几分钟按摩。这样做也是一种自我之爱，会让你感到更加舒适、惬意。正如眼神交流是与他人产生联结的主要渠道，对身体感受的关注是学会爱自己的主要手段，通过它，你能给予自己更多的爱。

♥　冥想练习步骤

找到一个能让你舒服坐着的地方，确保不会被打扰。如果你坐在椅子上，要确保背部有一定的支撑。将双脚平放在地上，身体保持直立，脊柱、颈部和头在一条直线上。肩胛骨轻轻向后舒展，向下拉伸，深呼吸。这些动作可以为你的心脏提供更宽敞的空间，这一开放性姿态与你计划培养的积极情绪一致。轻轻地垂下双眼，减少视觉可能会带来的注意力分散。如果可以的话，最好闭上双眼。

做两三次深呼吸，将注意力集中到心脏上。想象每一次吸气对心脏的影响，提醒自己心脏正稳妥地位于两肺之间。想象每一次吸气都在微微地按摩着你的心脏，轻柔且充盈爱意。现在恢复正常呼吸，不必用力吸气。继续关注你的心脏，想象每次吸气为心脏带入珍贵的氧气，滋养着你的身体。氧气进入身体的路径——从周围空气中吸入氧气，通过两肺进入跳动的心脏，然后进入血液——是你与周围世界最基本最稳定的联结。呼吸这个简单的动作，让你的身体内部与外部形成一个有机整体。所有人都分享着地球大气层无偿给予的养分，所有生命都从相同的源泉汲取着力量。

做好准备之后，仔细检视你的身体在当下的感觉：你感到疼痛、焦虑、紧张，还是激动万分？不管你有何种感觉，你都要让这种感觉与你的身体合而为一，全然接受它。带着好奇心和开放的心态接纳这种感觉，关注这种感觉引起的身体变化，以及这些感觉如何随着时间的推移而悄然改变。无论你此时是否感到愉快，你只需平静、坦然地接受。无论你最近生活中经历的事情是好是坏，只要平静、坦然地接受就好。每个人的人生都是好坏参半、苦乐兼有，每个人都憧憬美好、安全、和平与健康。

当你知道痛苦无法避免，而且这对于所有人都一样，你就可以对自己发出慈爱之愿：“我像其他任何人一样值得被爱。”现在，请将你的注意力放在慈爱冥想的语句之上。

首先要充满柔情地回想你自己的优良品质。如果有可能，请简单回想出一个能够证明这些优良品质的具体事例。你无须刻意搜寻自己的最佳品质或是最佳事例，只要是能轻松想到的优良品质或事例就可以。然后，轻轻地对自己发出慈爱之愿，选择最能打动你的经典语句。

愿我感到安全、有保障。

愿我感到幸福、平和。

愿我感到健康、充满活力。

愿我生活惬意。

你可以把自己看成自己的好朋友。不妨想象一下你对小孩子或者小猫等可爱的小生命会有的那种温暖与温情，想想看，当你看到他（它）们时，你的面部表情会变得多么柔和，你的心会充满多少怜爱。现在，请把这样的温暖与温情转移到你自己身上。

愿我感到安全。

愿我感到幸福。

愿我感到健康。

愿我生活惬意。

在每句话之间稍作停顿，转而关注你的身体，尤其关注你的心灵。发现并接受任何发自内心的情感。要知道，这个练习不仅是语句的重复默念，它还能为你打开一扇机会之门，让你的心得到滋养，变得更加开阔、更加包容、更加仁慈。

请注意，你的注意力时常会从这些语句上转移。别担心，这很正常，你只要把注意力重新集中到这些语句上即可，无须为此而责备自己。实际上，注意力每一次重新聚焦都是体验慈爱感觉的新机会。你能否在发现自己偏离既定路线的时候缓缓地重回轨道？带着对自己的慈爱之心这样做时会怎样？

在这一阶段的练习结束时，你会发现，虽然你经常忘记要对自己怀有体贴之心、慈爱之愿，但关爱自己仍然是理所当然之举。只要提醒自己关爱自己的态度是存在自己心里的，而关爱自己的做法会令自己轻松自在，你就能够坦然地爱自己。当然，在追求幸福的路上，你还是会碰到重重困难、道道阻碍，但你已经知道无须苛求自己，不要让原本艰难的生活更加艰难。实际上，慈爱冥想可以在很大程度上减轻你的痛苦。

当你的慈爱冥想练习转向关注内在、关注自身，就是一个开始（或重新）记录的好机会。只要可能，在结束一段冥想练习之后，多花

5~10 分钟记录下你的意识变化。这样做可以让你有时间与空间回想在开始给予自己这种善意的关注时所产生的情感联结。当你对自己有了更温暖、更包容的情感时，你感觉如何？你是否明显感到了一些抵触？当你专注于这些抵触时，抵触是加重了还是减轻了？你是充满感情还是麻木不仁？精力充沛还是疲惫不堪？这些反应都属正常，你只需真实描述自己的感觉，看看这样做会将你引向何方。

我强烈建议你跟随导师进行冥想练习。在你的冥想旅程开始时，如果有位富有经验的导师能给予你指导，那就再好不过了。无论你使用哪种方式，都要遵循自己的内心感受。每个练习者都可以从导师那里汲取智慧。

倾听自己的内心

“嘟！”

如果你看过美国动画片《辛普森一家》（*The Simpsons*），你会联想到这个感叹词是男主人公霍默 · 辛普森在自嘲时必说的口头禅。他只要发现自己做了蠢事，就一定会说出这个词。你不妨也学学霍默，这个方法会对你的身体与思维产生影响，仿佛你的心脏和整个内在自我瑟缩成了一个握紧的拳头。如果你产生了这种紧固感，我打赌你的心率和血压会同时飙升。当然，只是瞬间的飙升。可以想见如果一直处于这种状态，会给你造成怎样的伤害。

每个人都会听到自己内心的声音。当事情不对劲儿的时候，你会说什么（无论出声与否）？你会不会用严厉、斥责的语气责备自己？你是否也像霍默一样，用某个独特的口头禅在心里进行自我批评？对自己最严厉的批评是否定性自我对话的形式之一。否定性自我对话还有很多其他形式。或许你的自我对话远比上述情形更加充满焦虑；或许你太过忧虑，凡事都要左思右想，做最坏的打算；又或许你听到的声音让你陷入思维的死循环，不断探究糟糕的事情为什么会发生在你的身上。

一天之中，你有多少次被这类消极情绪所困扰？这个问题的答案或许颇具启发性。你在口袋里装上一个老式的计数器，就能得到答案。每当你自责、杞人忧天或是自寻烦恼时，就标一次。一天中此类情形的总数，就是你的身体和思想退至防御、闭合状态的次数。某些内在消极情绪确实无可避免，我们无法消除消极情绪。但是，你每天否定自己的次数会渐渐在你的心中建起一道坚不可摧的壁垒。

你的问题可能并不在于与自己严厉或悲观地对话，也许你特有的惯常做法是过度赞扬自己，例如，每当你做出成绩时，你都会在心里大声为自己喝彩，却对自己的缺点视而不见。在这种情况下，让你无法全心去爱的障碍可能是过度的自我赞扬和自我膨胀，以及过度关注积极情绪。

我们经常会认为，作为一门科学，积极心理学貌似完全无害——每天都开心有什么危险？然而，如果对积极心理学的理解只是流于表面，那么积极心理学有时确实会变成对爱的阻碍，就像顽固的自我批评或自我怀疑一样。想要辨别这种危险，就需要认清我所说的“大开眼界的积极性”和“一叶障目的积极性”之间的细微差别。

真正的积极性源自积极情绪的完全展露，源自我们深刻体会到的安全感。就其本质来说，积极情绪会让你不断拓展和进步，你的身体会感到放松，躯干向外伸展，肌肉紧张感随之消失。由于躯体舒展、头颅高昂，你可以发现周围更多的东西，发现比平时更多的细节，思想也随之得到扩展。曾经分明的思想边界开始变得模糊，此前看似完全独立的物体和想法合而为一。当积极性是内心的真实体现时，它是无法与身体、感觉、思想和精神相分离的。我将其称为“大开眼界的积极性”。当这种积极性出现时，你的眼睛、思想、身体和心灵都呈现为放松状态。

但也有一种虚假形式的积极性——你就像是戴了一张人造面具。当然，这种积极性的出发点也可能是好的。具备这种积极性的人通常对积极心理学有所了解，所以才下定决心更加积极地生活。不过，尽管初衷不错，但这种积极性却是自欺欺人的一种伪装。因为他太急于得到幸福。

此种“一叶障目的积极性”的一个明显标志是流于表面，仅出现在一个人最能够随心控制的方面：言谈话语、面部表情、自我对话，但不能植根于身体之内或内心之中，因此无法带来真正的开放性。真正的积极情绪的标志是身体、感觉、思想与精神的开放性。“一叶障目的积极性”对世界的看法是自我保护性的，而非融入其中。这样的积极性其实非常狭隘，虽然它也是出自你对于良好感觉的真实渴望，但它反映出了你对于完整积极性体验的含义与内容的持久性忽视。

“一叶障目的积极性”是一柄双刃剑，会让事情变得更加复杂。它有时确实有用，你肯定听过“假戏真做”这句话。我的看法是，假装积极时，你只是在寻求一个能够使梦想成真的跳板，并没有收获积极性的真正益处。

这柄剑的另一面是钝刃，会造成更大的损害。“一叶障目的积极性”切断了你接近真实积极性的机会。你在自己的自我保护壳中努力寻求福佑，却错把手段当成终点。

了解自我对话具有积极性还是消极性其实并不够，你还需要完全体现自己的积极性。实际上，所有的真实情绪都有其外在体现。相比之下，一厢情愿的积极性永远只囿于你的思想之中，对你没有什么帮助。

具有外在体现的积极性包含了真实积极情绪的所有特征，它能让你心胸开阔、身体放松，帮助你融入更广阔的生活圈子。它不是让你绕开消极的反馈或失败，而是会在你需要近距离面对生活的严酷时，就像一口装满了备用资源的深井般给你以支持。总之，真正的、由衷的自我关爱是灵活的、立足于现实的。

灵活性、开放性、现实性等关键因素在励志产业所开具的大部分积极性自我对话良方中却都不见踪影。没有了这些特征，积极性自我对话必将异化为冷血的自恋，成为阻隔你修复与他人之间情感联结的内在障碍。这会让你产生错觉，认为你可以完全享有自己的生活，而其他人不值得你浪费时间。这种庸人的自命不凡让你无法好好爱自己。

要了解自我修正或自我赞扬是否恰当，关键是要评估两者与你自身情况的相符程度。此处，认知行为疗法的经典方法发挥了奇效。你的自我对话背后的支撑是什么？是否有证据证明你遭到忽略或是被曲解？在更大的背景中，你是否有被你挡在视野之外的部分，无论其好坏？关键是，你要尽可能公平地依据事实检视你的自我对话。

无论你的自我批评或自我膨胀的累计次数如何，都代表了你在一天中能够调整、改变的机会。你要用温和来柔化严苛，用开放去包容拘束，用柔韧去攻克僵化，用内心深处的微笑去代替内心的不悦。这才是好好爱自己的真谛。

♥ 以包容之心讲述你的经历

你的内心讲述着你的经历——每一天和这一生。你认为自我对话是自发的，而且完全超出意识控制。然而，事实并非如此。就像任何习惯一样，你可以通过意识和努力改变它。用几天时间观察自己的自我对话，记录下自我贬损或自我膨胀的次数，试着以更包容、更和善或更慈爱的语调对待不那么友好或是有些刻板的情形。比如，如果你注意到了自己的某个缺点，不要急于责备自己，而要试着温柔地提醒自己，其他人也会有这样的缺点。你与他们一样都是普通人，都需要学习。像其他人一样，你的抱负与缺点交织在一起。无论是现在还是未来，人生从来都不是只有愉悦和轻松，从来都不是未曾掺杂缺陷或黑暗。无论你是沉湎于缺点中，还是自我防卫性地忽略缺点，都会扭曲现实。坦然接受它们的存在，允许它们时时给你提示，这是自我关爱的根本。冥想导师兼临床心理学家塔拉·布拉赫（Tara Brach）的“全然接受”观点是对此相当有益的利器，特别是在你不想看到自己的缺点或是因为缺点苛责自己的时候。布拉赫建议你全身心地拥抱自己。换言之，你要以开放的眼光与心态接受自己的缺点，找到进行自我对话的正确方式，成为自己的好朋友。

最关键的是，不做评判。这就是全然接受的感觉。不做评判的慈爱联结，无所谓无法达成完美行为或言语。全然接受，不要求你改变自己的个性或提升自己的能力，你只要感受当下便已足够。无论感到有多少不足、有多么不完整、有多么需要改进，都没有关系。不管还有什么抱负等待实现，你都值得给予自己仁爱之心，接纳自己。

除了你自己，还有谁能够更好地接纳你？你比任何人都更了解自己。你知道你自己所有尚未实现的抱负以及一切缺点。你要以包容、仁爱之心讲述你的一天。你要全面看待那些未能达成的抱负和自己的所有缺点，同时也要牢记自己的优点。因为你和其他人一样，都是好与坏、成与败的混合体。做自己的朋友，就要接纳自己所有的一切，不做评价、不严苛对待自己，但也不忽略自己不尽如人意的地方。

如果你对自己声色俱厉，一定要提醒自己：可以换一种更慈爱的方式。就像沃尔特·惠特曼对世人的提醒，“我就是我，已经足够”。

♥ 艾瑞卡的爱的故事

我从业余音乐家好友艾瑞卡的经历中，看到了自我接纳对于积极共鸣的重大意义。过去几年中，她一直参加某个夏令营，在她最喜欢的音乐家的指导下，不断加强自己的音乐修养。艾瑞卡从一个朋友那里得知了这个特别的活动——那个朋友是个摇滚乐迷，两人多年来经常一起听爵士音乐会。这个夏令营可以让艾瑞卡收获颇丰，但也会让她面临巨大的挑战。虽然艾瑞卡已经弹了很多年吉他，但在众多音乐高手面前，她还是感到不自信，她认为自己技艺平平。艾瑞卡不停地思考着自己的弱项，越发感到不安：她没有接受过系统专业的训练，每周只练习几个小时，音乐理论也是自学的，等等。虽然她为夏令营的精彩内容深深着迷，但也时时坐立不安，不知道应该如何在那些天才音乐家面前完成独奏表演。你肯定已经看出了典型的冒充者综合征[①]的一些征兆。在我们向人生的高阶行进时，都会出现这样的问题。

这个夏令营其实是一个发掘音乐才能的天堂。其成员们都会被鼓励去完全相信其他队员，从而营造一种支持氛围。不过，从内在自我评判的角度来说，这说起来容易做起来难——任何形式的自我意识都会剥夺你全身心学习新鲜事物的机会，导致你的巅峰体验偏离轨道。艾瑞卡清楚，如果她想要最大限度地从夏令营中获益，就必须摆脱自我怀疑与自我评判。她依靠冥想练习控制不安的念头，提醒自己：她的终极目标（无论是音乐追求，还是现实生活追求）是更加幸福、轻松、快乐。通过全然的自我接纳，她最终做到了。

艾瑞卡努力培养对自己更加包容、宽容的态度，在最后一天单独演奏时，她完全享受其中。从那天起，她的演奏风格也发生了变化。她把她的音乐修养提升到了新的水平，在与其他音乐家共同演奏时，她用心倾听，以全新的风格与他们一同即兴演奏。有了这些经历，当艾瑞卡第二年参加这个夏令营时，她在一个名为“化学”的小型研讨班上，经历了她人生中的一次巅峰音乐体验。组织这次研讨班的乐队成员强调，“音乐化学反应”不仅来源于音乐技巧，即便是两位伟大的音乐家之间也可能无法产生音乐化学反应。听着艾瑞卡对音乐化学反

① 一种心理倾向。有该倾向的个体无法内化自己的成就，虽然按照外界客观标准已获得成功，但本人却认为所获成就实际上是自己力不能及的，感到自己冒充成功者，害怕被他人发现自己的这种“欺骗行为”。——编者注

应的转述，我不禁觉得这就是放大的积极共鸣：在爱的微小瞬间中，人与人之间的情感共鸣得以加强，并通过乐器表达出来。在那名乐队成员简述完他对音乐化学反应的体验与看法之后，研讨班上的学生轮流与他合作即兴表演，他负责敲鼓。其间虽然会有些音乐联结浮现出来，但他们都觉得真正的音乐化学反应很难预测。之后轮到了艾瑞卡。她先是以一种特殊的方式用吉他弹奏了几个音节，她的搭档以鼓点回应。他们互相倾听，彼此回应，开始快乐地演奏，节奏一致。“一场愉快的同步由此展开，我们协调一致，且明了对方的想法。”这个过程相当愉快。他们这样演奏了三四分钟，当演奏结束时，两人不由得互相注视，老师对全班同学说：“你们看，这就是音乐化学反应。”

完全的自我接纳让艾瑞卡在夏令营中收获颇丰。她发现放松的状态对于最大限度地享受音乐至关重要，尤其是在她与音乐同行们共同表演以及即兴演奏时。她认为这个经验也适用于日常生活。其实，无论他人怎样努力，都不可能让你感到安全，只有你自己才能让自己拥有真正的安全感。一旦拥有了这种安全感，你就有机会去体验我们称之为“化学反应”的感觉。

爱己才能爱人

爱是一种技能，需要练习。当你设定了学着去爱自己的目标，就会发现练习这项新技能的机会无处不在，因为你与自己近在咫尺。就像所有形式的积极共鸣一样，自我关爱也要以安全感和联结为前提。用自我苛责时时鞭挞自己，绝不会让你感到安全。同样，如果你自视甚高，完全不顾现实，或者对自己长久以来的坏习惯视而不见，也绝不会有安全感。说到底，告诉你真相的人才是真朋友。他经常实话实说、肯定你，但在需要做出敏感的负面评价时也对你不离不弃，不会三缄其口。在你的内心营造出这样一种安全感，情同此理。在学习爱自己的过程中，要摆脱自我对话中的自我贬损，但也不可自我膨胀；要肯定自己的优良品质，但也要避免自欺欺人；要以关爱之心诚实面对自己。

联结是第二个先决条件，对于积极共鸣如此，对于自我关爱亦然。若要真正地爱自己，你就得放慢脚步，真心对待自己，让主体的我与客体的我心心相印。花些时间回想你对于美德的内在追求，它与身体向你发出的信息步调一致。你不能一直关注外在世界，忙于从一个活动转向下一个活动，还指望能做到自我关爱；不过，你倒是可以把忙碌作为一种调节。

自我关爱不同于自我膨胀、自恋或是自负。这几种情绪通常仰仗于好的结果而存在，让你无法面对负面反馈。当坏消息突然传来，你会如自由落体般地坠入深渊。相形之下，自我关爱更加稳定、平和。因为这种内在的平静可以自然生发。你可以在起伏不定、时好时坏的人生路上成为自己的朋友。实际上，在最艰难的时候仍怜爱自己，是让你的人生大不同的关键所在。练习在艰难时刻以开放的心态善意对待自己，不离不弃，这样你就能享受到自我关爱带来的安全感，它会保护你不跌进绝望的低谷。

自我关爱是所有形式的积极联结的基础。如果你的自我关爱水平偏低，那么你要么自视过低，要么自视过高。一条深壑在你与他人之间横亘，大大降低了你与他人创造真正联结的可能。然而，如果你能储备更多的自我关爱，你就会拥有丰富的情感储备，并且更有能力辨识出他人身上的善良之源，看到并满足他们对于联结的渴求。

第 7 章
爱要付出真心

> 什么是富有？你是否足够富有，可以帮助他人？
>
> ——拉尔夫·沃尔多·爱默生

在传统观点看来，爱似乎就是求同。种种研究都已证实人以群分现象的存在，即外貌形象、经济实力、身体素质等各项素质相当的人总是会相互吸引。因此，每个人都倾向于某种固定类型的爱人，即在外貌、财富、健康与能力方面与自己差别不大的人。你和与自己同类型的人相互吸引，以此保持生活的平衡。

然而，这样的吸引也有不同的层次。随着交往人群的扩大，你会不断进行比较，判断与你交往的人是否比你过得好。如果你觉得别人没有你过得好，你可能会松一口气，觉得自己的运气还不错；或者你会对他们产生反感：哀其不幸，怒其不争；或者你会担心他们的坏运气有朝一日会传染给你。不管你因为什么原因轻视他人，这种行为都会在你们之间划出鲜明的界限，蚕食着你对他人的爱。

当你自我贬损时，也会形成类似的鸿沟。你认为他人比你拥有更多的美貌、财富、幸福，从而觉得自己处于劣势，由此引起嫉妒或自怜的情绪。你若时时将自己与他人进行比较，就会窄化自己的社交圈子。不过，最惨的后果还是你丧失了获得积极共鸣的机会。

有些人（可能也包括你）总是不停地做着此类社会比较。比如，你会立刻对刚认识的人做出评估，将他放在高于或是低于自己的社会位置上。虽然这种做法无伤大雅，却助长了难以察觉的贪欲，缩短了爱的辐射半径。贪欲滋生于这样的错觉——“好运是一种稀缺商品，别人的获得就是我的损失，反之亦然。”这会导致你对他人采取防备姿态，让你们之间的距离越来越远。贪欲让你紧抓住自己想要获得的好处不放，生怕失去立足之地，你看不起不如自己的人，对他们满是怜悯、恐惧或愤怒，同时又怀着嫉妒或绝望看着优于自己的人。你不顾一切地抓住每一个为自己争取好处的机会，全然不顾可能被你伤害到的人。将他人分成三六九等这个简单的举动即可形成贪欲，会让你绘制出一幅错误的社会地位图，彻底否认所有人与生俱来的合一性。

实际上根本没有所谓的社会等级。从本质上来说，人人平等。研究证明，没有社会比较陋习的人最快乐。当你学着通过合一性的镜头，而不是戴着有色眼镜看待他人时，你就会发现他人的困难也是你自己面临的问题——或是眼前之忧，或是过去之痛，或是未来之虑。你还会看到，别人的好运对你并无伤害，你为他们开心庆祝也没有什么损失。实际上，你为别人高兴的同时，也让自己拥有了更多的快乐。

正如我们所见，爱的疆界不可圈定，爱的眼光不可短浅，爱就是开放、包容、体贴、关心。这样的爱一旦着陆于以安全感和联结为先决条件的岩床之上，就不会仰仗于你以及与你分享同一种积极情绪状态的人而存在。鉴于形成个人情绪的因素众多，任何两个人之间具有完全匹配的内在体验的可能性微乎其微。

所幸爱未必要在完全没有不快或不幸时才出现，而且在愉悦或好运的情形下，爱也未必会现身。当我们知晓了这些基本事实，就能打开人类体验的完整图谱，可以在最适当的时候培养积极共鸣。不论疾病或健康、幸运或不幸，爱都可能存在。我在本章中要介绍一些方法和技巧，帮你理解两种爱的形式：真心爱他人——无论他正在遭受痛苦，还是处于顺境。

爱要具备同理心与复原力

躲避伤害是人类的天性。试想，你正在用全新的厨具做饭，忘了用隔热垫，便直接用手去拿那个造型新颖的金属锅盖。这时，你会本能地大叫一声，扔掉锅盖，使劲儿甩手。这种快速的避害反应可以避免你的手严重受伤。对待所有痛苦的情形其实也是一样，你的本能反应通常是观望、跳开、离开，或者缩到一旁。离痛苦源越远，似乎越能保护自己免受更多痛苦。

怜爱却是反其道而行之的，它会让你靠近痛苦，而非逃离。因为拥有同理心，看到女儿在游乐场上受伤流血，父亲才会毫不迟疑地冲过去，把她抱在怀里安慰她，为她处理伤口。因为拥有同理心，临终关怀志愿者才会为上周刚刚结识的结肠癌末期患者诵读诗歌。因为拥有同理心，你才会在听到某个同事家里正遭遇不幸之后，把手轻柔地放在她的手臂上。实际上，关于灵长类动物的最新研究显示，同理心反应与避害的本能一样，与生俱来，对生存具有益处。

同理心是爱，在你发现另外一个人正遭受身心痛苦时，它便会释放出来。我敢说，没有一个人的生活是完美的。生活经历其实一直都是好与坏的混合体。把生活看作一块五彩的织锦，爱与好运的金线同痛苦、悲伤与遗憾的暗线纵横交织。

同理，也没有彻底糟糕的人生。就算是面对最惨痛的人生经历——让人措手不及的丧亲之痛或失业、天灾人祸以及其他各种与死神擦肩而过的经历，我们也能得到一定的缓解，只要你知道“一切都会过去的”，或是“我并不是在独自面对这些苦难”。其实，带着希望和爱面对逆境，以更令人心安的情绪应对破坏性事件，这样的情感交织是一个人复原力的秘密所在。拥有复原力的人能够坚韧不拔，从最困难的人生挑战中重整旗鼓，从黑暗中看到希望的光亮。我与同事在许多研究中发现，具有复原力的人正是由于能在负面情绪的包围中扩散积极情绪，才得以重回生活的正轨。

或许你天生就有这样的复原力，你能认清痛苦的价值，并由此发现自己内心的强大，或是得到其他人的支持。或许你天生并没有这样的能力，但请放心，随着时间的推移，你会变得更具复原力，你所需的只是不断练习。通过反复练习，你能够养成新的情感习惯，从而增强你的复原力。你的复原力将让你从人生挫败中迅速恢复活力，并激发出你身上向他人传达积极共鸣的潜力，帮助更多的人复原、成长、回归正轨。这一切，都要从面对你自己的痛苦与挫败开始。

同理心练习

每当疼痛、痛苦或人生困境出现在你的生活里，都请将这一时刻当作练习同理心的机会，温柔对待自己。鉴于具体情况不同，你的自我关爱练习可能非常短暂，也可能如抽丝剥茧般缓慢。无论是哪种情形，你都要充分了解自己的痛苦，要理解并关注自己的感受。你无须否认或压抑痛苦的感觉；你要让好与坏的情绪比肩而坐，让它们相互了解、相互影响。如此一来，你就种下了希望的种子，即便让你忧虑的情形已经很糟，你也会希望将来会更好。

你要提醒自己，你在当下经历的痛苦，其他人也有可能面对。归根结底，人们的痛苦其实大同小异。你会发现，痛苦的根源无非身体上的疼痛、不公平的待遇、健康问题、没有被满足的欲望、被他人排斥或是找不到人生的方向。你可以从痛苦中暂时抽离，想象自己正与遭受同样痛苦的人发生联结。这是向着同理心迈进的第一步。你要相信，无论这些人身份如何、身处何方，无论你与他们是否相识，你都能通过共有的痛苦经历与他们产生联结。

在你经历痛苦时，希望痛苦赶紧结束是再自然不过的事。尽管这样的愿望非常强烈，但我仍然建议你让它进一步横向拓展，将你以及与你遭受相似折磨的人通通纳入其中。然后，对自己说出类似下面的愿望：

愿我和与我同样遭受（这一痛苦）的所有人，得到安宁。

以更加包容的方式关爱自我，能够说服你走出只看到自身痛苦的狭隘视角。随着意识的拓展，你不再只关注自身，而是变得更加开放，能够看到他人的痛苦。拓宽的视野通常能为你提供一个发力点，扭转会将你拖入绝望或自怜的下行力量，让你慢慢上行。它也让你的目光转向他人，感受到他们也正在经历类似的痛苦。于是，你不再孤单。

通过反复练习，你不再麻木，能够敏锐地感受到他人所遭受的痛苦。实际上，每当你感觉到与自己发生联结的那个人正在遭受痛苦，爱与同理心就会合二为一。痛苦、折磨是这个世界上的普遍现象，适当的同理心也需要广泛存在。而且，在你承认“这会过去的”或是“我们共同面对”等简单的事实时，你不但不会被他人的痛苦打倒，反而能够更好地为他提供真诚的慰藉。

渐渐地，你能够将对他人所受痛苦的同理心从自己的痛苦中剥离。知道自己也曾痛苦过或者也会遭受痛苦，便已足够。这就是感同身受的智慧，是我们共有的人性中的智慧。让它成为你的同理心之本。复原力不仅仅体现在个人身上，也体现在社会联结的网络中。当你对另一个人抱有同理心时，你不仅是在当下为这个人提供了这种复原力，你也以持续性的方式在你的整个社交网络中达成了这样的目标。

♥ 同理心的目标

你对他人抱有的同理心应是适当的。你只需在他人痛苦时注入一丝温暖与光亮。你不需要假装自己是炼金术师，能够把他人的生活神奇地变成金子。你只需给予他人一束金光、一种温暖的表达。如果你妄图做出炼金术师般的壮举，那么你只会因为无视他人严峻的现状而给对方造成额外的伤害。我们只能以开放包容之心、善良温暖之意面对人生的苦难。

培养同理心的时候，你一定要对自己的能力了然于心，只承担自己能够负担的安慰份额，量力而行。以更开放的态度对待痛苦是一个循序渐进的过程，不要急于求成，慢慢来。要知道，对他人痛苦的感同身受，每当有一点点增强，都会让你向着与他人建立联结的方向迈进一步。但是，过于心急只会让你错过建立积极性联结的最佳时机。一旦如此，你就会彻底背离陪伴他人度过艰难时光的初衷，在痛苦的重压之下崩溃，失去给他人以支撑的能力。虽然开放与包容在很多情况下都是不二法门，但它也会像任何一则优良建议一样，有可能过犹不及。

你很快会发现，当你与遭受痛苦的人产生了情感联结，当你充满爱意地坐在他们身边，眼神清澈，心怀包容，你就能很自然地向他们表达关爱、给予帮助。你心中暖意融融的温情促使你去做任何能够缓解他人痛苦的事情。换言之，同理心不仅是旁观。它能激发行动。或许你的行为微不足道，比如认真倾听或是随手帮个小忙；或许你的行为更具英雄主义色彩，比如主持一场募捐活动，或是以支持不幸之人的名义承担起主导重任。你凭借对他人痛苦的新认识采取最明智的行动，就像采用替代疗法一样，最小的干预手段有时会产生最好的效果。

所以，同理心是带着爱、接受与关切的积极性去对抗痛苦的消极性。当爱循着此路靠近痛苦，积极性会占据上风，在其最被需要的时间与地方，激发着人们自愈、成长与复原。

♥ 劳拉的故事

我的朋友劳拉是一名助产士。很多孕妇会聘请她陪伴自己度过产前阵痛、分娩以及产后阶段。与分娩相关的其他医务工作者主要关注安全分娩，而助产士是要照顾产妇，在那个神奇但通常又很混乱的过程中，不断为产妇提供即时信息、情感支撑和身体辅助，让产妇感到安全、舒适和自信。研究显示，助产士的持续支持可以使母婴都更加健康。

十多年以前，劳拉的母亲被确诊为乳腺癌并接受了乳房切除手术。劳拉的母亲拒绝了化疗，虽然她知道这样做风险很大。劳拉“从不知道接下来会发生什么”，并“学着采取了一种‘关注当下’的心态”。她清楚，虽然她希望母亲长寿，“但这对现实没有什么帮助”。因此，在劳拉的母亲接受了乳房切除手术的 12 年之后，当劳拉得知母亲的癌细胞转移到了骨头上，而且已是癌症晚期，劳拉选择了珍惜和母亲剩下的每一分每一秒。当母亲的行动越来越不方便时，劳拉在自己的小公寓中给母亲布置了一个小房间，以方便照顾她。最后，在妹妹、临终关怀工作人员以及众人的帮忙下，劳拉的母亲得到了悉心的照顾。母亲去世，是劳拉面对的首个家庭成员的离世。她的职业是在分娩的过程中帮助各位母亲，现在她要为自己的母亲做相同的事情，只不过是一个完全不同的过程。

劳拉的母亲在接近生命终点的时候，承受着痛苦的煎熬。她会在半夜惊醒，满心恐惧，分不清现实与梦境。在这样艰难的时刻，劳拉利用自己从助产士工作中吸取的很多经验，来应对碰到的棘手难题。她说这些做法“很难描述，因为你无法消除别人的痛苦，只能心平气和地全心陪伴”。劳拉在母亲去世前会陪在她身边睡觉，一直握着她的手，这样就能全心陪伴和安慰，缓解母亲的不安。就像助产士工作一样，劳拉知道这个时候不能乱了阵脚，她只需出现在那里，并且保持镇定，让对方知道他们“并不孤单”。这样做需要很大的勇气，尤其在他人遭受痛苦、惊恐不安时，尤为如此。在产前阵痛与分娩的艰苦过程中陪伴产妇的工作要求劳拉大胆无畏。如她自己所说，她在这个过程中可能需要“贴着产妇的脸”，也就是说劳拉需要跪在地上，把脸贴近产妇的脸。这时，她会轻柔地对产妇说：“看着我，跟着我一起呼吸，我在这里陪着你。”劳拉在照顾母亲时也用了这种方法，她经常提醒母亲说：“你可以过会儿再说话，现在，跟着我一起呼吸。”她发现自己在与身处痛苦的人产生情感联结并帮助他们的时候，需要全心陪伴，关注当下在一起的时刻，这样慢慢地可以把这个过程延长到几个小时。等到对方的痛苦最终慢慢消逝，之后两人共有的那种平静会让人非常震撼，甚至令人振奋。

劳拉的讲述强调了情感联结的重要性。广义地说，真正的同理心与积极共鸣一样需要参与双方的真正共存。在劳拉看来，肢体触碰、眼神交流以及感同身受是联结的源泉，也是你希望与他人产生情感联结时可利用的资源。就像劳拉说的那样，这样的同理心无法解释清楚，它源自身体与情感上的陪伴、关心与联结。从这个角度出发，你就能自如地应对他人的痛苦，给他们以温暖的慰藉。这样，你不仅帮助了他人，你的心也因此而变得更柔软。

♥ 同理心冥想练习

你可以选择一个不会被打扰的安静的地方，以舒服的姿势坐好，双脚平放于地。伸直脊柱，头挺直，肩胛骨向下向内靠拢，让心脏和肺部有更多自由舒展的空间。

做几次缓慢深呼吸。伴随着一吸一呼，关注心脏的跳动。全神贯注于这个步骤，可以让你慢下来，心也会变得柔软，成为某个遭受痛苦之人的真朋友。这是让人舒适与安心的源泉。记住，世界上的所有人都会不时陷入逆境当中，所有人都渴望摆脱痛苦的纠缠。此时此刻，你静静地坐着，没有痛苦的困扰，迫切希望成为他人的情感慰藉之源。

在整个过程中，持续关注你的心脏，看看这个练习对你的身体产生了怎样的影响。记住，身体的感觉与你大脑中的语句和想法一样，值得你去关注。

你可以充满柔情地想着某个正在遭受厄运或忍受痛苦的人。之后，回想一下这个人的优良品质，想想你有多么希望减轻他的痛苦，或是减轻他身上的重担。发自内心地缓慢吟诵以下的句子或是你自己创作的句子。

愿你在痛苦（或不幸、困难）中找到安全。

愿你在痛苦中找到平静。

愿你在痛苦中找到力量。

愿你在痛苦中充满勇气。

随着每一次呼吸，逐一重复这些古老的愿望，发自内心地祝福。想象自己正站在这个人的身边，不管生活出了怎样的难题，他都充满勇气。

随着练习的深入，你可以尝试拓展内心能力的新方法。比如，把关注焦点转向其他遭受痛苦的人，当然，你有可能并不了解他们。切记，你这样做不是为了让某个人或某些人的痛苦奇迹般地消失不见，而是要滋养你自己的心灵。在看到他人的痛苦时，你应该靠近他们，敞开自己的心扉，给予他们安慰与力量。

如果你觉得这些句子妨碍你激发真正的温情，那就尝试关注具体的个人。想象这个人面临的困难，看看到底是身体或情绪方面的痛苦，还是对目前发展情况的不确定。想象一下这种困难，赋予它某种颜色和形状。你从正在关注的那个人身上的什么地方看到了这一困难？接下来，想象你的内心渴望对其表达同理心，想象那就是你的积极源泉。想象它的颜色、形状和运动：它是白色还是金色？如何增强？现在，在想着这些具体细节时吸气，想象你吸入了那个人的不幸，由此减轻了他或她身上的一些负担。在吸气的时候，让这种不幸深深进入你的身体，用你稳定、慈爱的心灵赋予它新的生命。短暂休息一下，然后呼气，看看有何改变。随着呼气，想象你给这个人传递了温暖。呼吸之间，想象这个希望与改变交替出现的过程。吸入痛苦，注入你的同理心，然后呼出你的关心与安慰；吸入不安，用你自己的爱去感化，然后呼出安全感；吸入绝望，呼出宁静；吸入挫败感，呼出正能量；吸入恐惧，呼出勇气。

当你结束了这个阶段的练习，你在任何时候都能获取同理心。

♥ 非正式的同理心练习

你也可以尝试非正式的同理心练习。忙碌的日常生活中有大量可以练习同理心的机会，比如从停车场走到办公室的路上、排队等着结账的时候，或是开会的过程中。为什么不把用来神游的时间用来增强你与他人之间产生情感联结的能力？你投入其中的唯一资本是情绪能量，不是时间，也不是金钱。

在同理心练习中，你要记住他人的面庞与肢体语言，这个人不一定是你正在交流的人（哪怕只是路人，也可以是你非正式练习的目标）。将这个练习看作毫无恶意的人物观察，可以在上下班的路上练习——在地铁上、公共汽车里或是停车场内，不要沉浸在自己的世界里，要抽出时间观察周围的人，想象他们此刻可能遭受的痛苦。你应该记得，没有哪种情况是绝对的好（或坏）。每一秒，地球上的每一个人都是好运与霉运的独特混合体。如亚米斯德·莫平（Armistead Maupin）在《城市故事》（*Tales of the City*）系列中对莫纳法则的描述："你可以拥有一份好工作、一套大公寓和一段幸福的感情，但这三者绝不会同时出现。"

有了这种认识，再近距离地观察一下那些与你有交集的人，寻找哪怕极其微小的非语言信号——一个痛苦的表情、一次皱眉、一声深深的叹息或是一个弯腰低头的动作，这些都能显现出这个人正在承受的重压或心理负担。全身心地感知他人的痛苦，而非仅凭眼睛观察或大脑思考。看看你是否能对这个人的痛苦感同身受。在痛苦面前，所有人都无所遁形。在某种层面上，他人的痛苦会让你有似曾相识的感觉。花一点点时间，回想一下这种感觉源自何处，然后在这个感同身受的时刻，祈祷他能够远离痛苦与折磨。你可以在心中默念下面的经典句子，把美好的祝愿送给这个人。

愿你的艰难困苦（不幸、痛苦）消逝。

愿你找到平静（勇气、力量）。

愿你卸下重负。

与其他冥想练习一样，你选择的句子并没有它们所传达的真诚那么重要。你也可以尝试新的语句，找到能够真正打动你或是让你有所感悟的语句。

切记，你这样做并不是在运用所谓的超自然力量。将意识的涓流引向同理心，并非能将他人的痛苦一扫而空的玄幻把戏。这个非正式练习的目的只是为了让你的心灵得到滋养，能够更加关注他人的痛苦。也就是说，虽然你的关注点完全在他人身上，但从中受益最大的人却是你自己。

每日幸运 3 事练习

有时，要对他人的痛苦做到真正关注、包容，实在很难。与遭受痛苦之人肩并肩、心神同一，真的需要勇气；但日久天长，也难免令人疲惫。好在勇气是一种可以无限再生的资源，而且你有大量机会可以充实自己的同理心之源。诀窍在于，你要随时做好准备，培养颂扬之爱——它可以让你与幸运的人之间建立起联结。

从统计学的角度来说，积极情绪和人生的幸运时刻，其数量大大超过了运气不佳的时候。一项日常生活调查显示，发生在人们身上的好事与坏事的比例约为 3 ∶ 1。换句话说，你每碰上一件坏事情，就有可能碰上 3 件或者更多的好事，来平衡你的坏运气。此外，总体幸福感的评价指标是好事的发生频率，而不是其强度。当然，关键是要在经历坏事的同时，你能够注意到好事。摒弃那些充满忧虑和劳心费神的思想穿越之旅，在当下时刻保持警醒。这样一来，你就会发现大部分时候，生活都给了你一些可以回味的幸运，或许是新鲜的空气和一顿美味的晚餐，或许是亲友快乐相伴的时刻。

发现生活中的好事远远多过坏事，令人尤感安心。你甚至可以说，这个世界有意创造出积极性与消极性的合理比例，以便让我们得以生存和成长。我的早期研究发现，“3 ∶ 1”这个比例是人们情绪体验中的关键临界点。积极情绪与消极情绪的这个比例是“精神振奋”与“精神萎靡”的分水岭，也是“充满活力、具有情感联结以及无私奉献的人生”与“随波逐流的人生”的分界线。

我们总会认为好事本身就能够带来好的感觉，可事实并非如此。好事是否能够引发愉悦、感激、平和或爱，取决于人们是看到并靠近这些事，还是把它们弃置一旁，根本不关注它们。我在前文中提到，人们寻找好事的情形，正是我和我的研究生拉娜所称的“积极性优先”。你对自己的积极性的排位越是靠前，就越能将好事转变成为好的感觉。拉娜和我发现，在此项趋势研究中得分最高的人，从一个拥抱中都能获得积极情绪。

就像你会因为想要减少自己的痛苦而对他人的痛苦视而不见，你可能也会远离幸运的人，觉得他们的幸运在某些方面影响你的好运气。这样的疏远可能有3种形式。一种是愤恨或嫉妒，你会一遍又一遍地问自己："为什么他们获得了认可与接纳，而不是我？"当然，你可以把"认可与接纳"这个词换成"升职""表扬""爱人""那辆汽车"或其他代表实际利益的词。这种反应的背后是"他们没资格享有那样的福气，我才有资格！"的错误观念——一种毁掉了各种情感联结的自恋型自我膨胀。疏远的另一种形式是自我贬损，认为自己会一直走霉运或是没资格拥有幸福。这种自我贬损的偏见像嫉妒心一样，阻碍你与幸运之人之间产生积极性联结。疏远的第三种形式则是彻头彻尾的漠不关心，觉得他人的幸运（或霉运）与自己完全没关系。在这种情况下，你与他人的生活处于情感断裂的状态。

相形之下，如果你能醒悟到每个人都像你一样渴望幸福，而且每个人都必须经历痛苦与幸运的交替往复，你就会把他人的幸运当作值得珍视与颂扬的事看待。而且，这些时刻会带来大量机会，让你可能缩短与他人之间的情感距离，培养出积极共鸣。

积极心理学中的相关实验已经确认，学会珍视自己的幸运——比如通过每天至少找出3件幸运之事——能够让你懂得感恩，身心健康，加强你的社会纽带，创造出持久的幸福。你可以把颂扬之爱看作感恩之心的"孪生兄弟"，它会让感恩更具魅力。道理很简单：如果你像珍视自己的幸运一样珍视他人的幸运，那么获得爱和幸福的机会就会成倍增加。你可以通过他人分享的愉悦、爱和联结不断提升自己，因为幸运总会出现，你只需要睁大双眼，敞开心扉去发现、去寻找。

每个人都需要依靠他人，社会支持是人们的生命线。我猜，当你准备向他人提供社会支持时，你会想到处于人生困境或是遭受痛苦的人，你会想象着生病的朋友、受伤的邻居或是因为工作压力巨大而崩溃的同事。不过，最新的研究资料显示，在他人感到顺利时为其提供社会支持比在他人情况不佳时对其伸手相助更能有效地建立起良好的人际关系。实际上，你衷心为他人的幸运感到开心的举动，能让他们了解到你是真心地关心他们，而且前路艰难时，你也会与他们同舟共济。

不过，你需要反复加以练习，才能够以健康、振奋、有益于增强人际关系的方式去辨识、回应他人的幸运。无论如何，我们都要改掉惯有的愤恨、自我贬损或事不关己的恶习。尝试一下下面的练习，敞开心扉拥抱颂扬之爱。

找一个不会被打扰的安静的地方，双脚平放在地上，调整好身体姿态，保持平静、放松。挺直身体，想象它是准备接收信号的天线。

深呼吸，把注意力放在你的练习初衷之上，比如成为更好的朋友，或是消除有害的嫉妒心，或是颂扬他人的成功。

练习中，时时关注你的心率，观察练习如何影响了你的身体，甚至是面部表情。你的情绪和身体的感觉比默默念诵的句子更重要。

充满柔情地想着最近遇到好事的某个人，比如喜得贵子的人、受到晋升的人等。不管具体是什么事情，你只需关注他的快乐，并且清楚地意识到，无论好坏，所有的事情终究会远去。之后，你要暗暗提醒自己，全世界的人都渴望幸福，而在此时此刻，你关注的那个人梦想成真了。现在，内心念诵下面的经典句子或是你自己喜欢的句子。

愿你幸福绵长、永远幸运。

随着每一次呼吸，重复念诵这句古老的祝词，发自内心地祝福。想象着你正给予此人以支持，为他不期而至的幸运感到开心，试图让他的幸运能够多停留一段时间。

随着练习的不断深入，你可以尝试新的方法来提升爱的能力。你可以在练习中纳入新的人，无论是亲朋好友，还是陌生人。切记，所有的一切终会过去，奢求永恒毫无益处。你只是要滋养自己的心灵，让自己在看到他人的幸运时，能够真心为对方高兴，由衷地为他们感到开心。

非正式的颂扬之爱练习

我个人认为非正式的颂扬之爱练习的作用更大。我在从停车场去校园的路上，会遇到很多人，有学生、行政人员、教师、访客等。同样，我坐在校园内的长椅上吃午饭或者休息时，也喜欢观察来来往往的人。我不是冷眼旁观或带着好奇心去品评某个人，而是有意识地搜寻幸运的迹象：这个人是不是在微笑？这个人的步伐是不是很轻盈？他看上去是不是因为某件事或某种情绪而感动？此时，他是不是有什么高兴的事？即便不知道这个人到底有什么好事，我还是会默默地为他送上祝福："愿你永远幸运。"当我强化自己热忱助人的初衷时，这个练习尤其显得爱意满满。我不会打扰或是干涉那个人，只是在他的幸运包围之中，为他送上最好的祝福。有时，我会想象自己为这个人加油鼓气，或是在脑海中与他击掌相庆。我经常会惊讶地发现，视角的简单改变会让我面带微笑，激发我与他人之间的情感联结。

你甚至可以通过沉默的颂扬，把你对他人行为可能产生的微小愤怒转变为更加轻松愉快的情绪。虽然我们通常善待他人，但也有对别人不耐烦的时刻，即便人家只是按照自己的方式做事。让你不耐烦的人，可能是超市的收银员（也许他不过是和前面的顾客多聊了两句话），或是餐厅邻桌兴奋的就餐者（他们说话的声音稍微大了一点儿），或是几个在广场上玩滑板的人（他们挡了你的路，让你不得不绕道而行）。对于我来说，我每天上班的时候，都被那个"口哨狂人"搞得很恼火。这位老人在校园里遛弯儿，戴着耳机听音乐，还用力吹着口哨。他的口哨其实吹得很不错，不过你听了一两次之后，就不想再听了。并非只有我一个人这样觉得，我的同事说她在 2 月一个难得的好天气里，把课堂搬到了户外。结果，课堂讨论被刚巧路过的“口哨狂人”的口哨声打断，她班上的学生抱怨连连。有时，当你看到有人用不同寻常的方式自得其乐，第一反应就是批判性的。但经过思考之后，你会变得更加宽容。不管怎么说，我们学校里的“口哨狂人”是快乐的。当我能够沉浸于这独特的片刻音乐享受，希望他能继续快乐下去时，我自己也能找到快乐。

你也可以尝试一下，看看自己是否看到了一些新的亮点，脸上是否增添了温柔或坦然。当你尝试着培养颂扬之爱，把他人的幸运纳入你的意识之中时，注意一下你到底能以何种程度的欣然控制这些爱意联结的感觉，再看看别人对此做何反应。你改变了看待世界的方式，带着更多的坦然，这是否给你带来了什么不同？

其实，每个人都在幸运与霉运间沉浮，面对幸运与不幸的交替。当你观察他人时，即便是没有与他们交谈或是对他们毫不了解，也能肯定大家都希望自己是运气垂青的宠儿，但同时他们又都是倒霉蛋。所以，我们遇到的每一个人，都值得我们奉上同理心和颂扬之爱。在痛苦当头的时候，爱会转为同理心；当幸运占据了上风，我们便偏向于颂扬之爱。无论如何，爱都是情感的联结。只有在与他人的联结中，你才更有可能看到他们正在经历的种种，并且在恰当的时候与他们相遇，衷心地祝愿他们一切都好。

在接下来的一章中，我要请你将爱的范围拓展至更广阔的领域。除了去爱你生命里那些特别的人和你定期接触的熟人，我还希望你知晓，爱的疆域其实无限广阔，尝试无垠的大爱或许是最具挑战性也最值得你去做的事情。

第8章
爱是一种博爱

狭隘的爱可怜可悲，博爱光芒万丈。

——托马斯·特拉赫恩

这个充斥着威胁、不确定和各种烦恼的世界迫使人们只关注自己。西方文化中成长起来的人大都会囿于这种思维方式。我就是这样。这些想法或直接或间接，但都清晰明确：自力更生、独立自主、先爱自己。你不能指望别人照顾你，所以你得学着自己照顾自己。其实，西方的整个经济体系都是建立在自我利益最大化的基础之上的。很多经济学家都已做出假设——人们生存的首要目标就是实现自我利益的最大化。毫无疑问，健康、适度的独立性与自我关爱是任何一种文化都不可或缺的部分。即便如此，根深蒂固的个人主义仍有可能让你对他人的忧虑、天赋和安康视而不见。

更深刻地认识到积极共鸣的固有价值，有助于你摆脱个人主义的束缚。实际上，研究显示，积极情绪本身就能让你具备真正关注他人的能力。因为当你感觉良好时，你更容易接近每一个遇到的人，并将此视为发生联结、促进成长的好机会。可见，爱没有边界，爱是人与人之间的共同利益、共同启示、共同希望。因此，你没有理由独占爱，而不与他人分享。

本章仍会教你从慈爱冥想的古老智慧中汲取力量，鼓励你敞开心扉。首先，我要请你试着把温暖与善意传递给你认识的所有人，然后再扩展到你不认识的人身上。一旦你将目光、思想和心灵集中于更广泛的目标之上，就会发现更多培养情感联结的方式，它将涉及每一个人。

爱不是随便的祝福、空洞的愿望或超自然的力量等。祝愿地球另一边的人们能够幸福安康，并不意味着你的愿望真的可以改变那些人的生活轨迹，但是它会让你的心更加柔软，愿意关爱你认识的每一个人（无论你们此前如何疏远），从而改变你的生活。本章介绍了爱的正式练习与非正式练习，能够让你在面对不确定性或暧昧不明的情况时，依然能够延展爱的边界。你将用积极共鸣来重新定义爱，开启非凡的机遇。

当然，非凡的机遇也带来了不同寻常的挑战——你不仅要看到情感联结的机会，还要做好拥抱它们的准备。爱的微小瞬间，究其本质，转瞬即逝。你若是不小心掉进了自我关爱的窠臼，就会错过这些微妙的时刻。你若是看到了联结的机会，却没有做好行动的准备，就会错失良机。你需要时刻准备着，这样才能构建起与他人联结的社交网络，逃离痛苦和孤独。你要精心练习如何体验那些振奋人心的微小瞬间，这样才能在面对爱的机遇时，毫不犹豫地拥抱它。

练习去爱更多的人

找到一个不会被打扰的安静之地，双脚平放于地，调整好身体姿势，身体挺直，保持神志清醒、内心宁静。由于情绪状态与身体状态息息相关，因此你务必找到一种能与扩展爱意相一致的姿势。

先做几次深呼吸，关注气体在肺部与身体之间的流动。

接下来，把注意力集中到这个练习之上。默念这个练习的目的，可能是为了唤醒自己对爱的无限潜力的意识，或是为了体验与当天遇到的人产生情感联结时的愉悦。

练习时，要充满柔情地关注你的心脏，注意身体和面部表情的每一个变化。身体的体验比你选择的句子更为关键。

然后，充满柔情地想象某个群体，他们可以是你所在城市的居民，也可以是你所在省份的所有人。想象自己在这个区域的上方低空飞行，虽然你看不到每一个具体的人，但是你知道他们就在那里，他们在每一个屋檐下过着自己的生活，吃饭、休息、工作、祷告、奔波劳碌。把你的关注点扩展到整个人群，包括你颇为了解的人、你认识的人，还有陌生人。你清楚他们每个人都像你一样，渴望着更多的东西，憧憬着幸福、关爱、持久的宁静。让这种对你和他人之间相似性的认识，拉近你与他人之间的距离。你们分享着相同的愿望，生活在同一个星球上，呼吸着同样的空气。

带着与这些人的联结，在心中默诵下面的古老句子，或是你自己喜爱的句子。

愿你感到安全、有保障。

愿你感到幸福、平和。

愿你身体健康、充满活力。

愿你生活惬意。

随着每一次缓慢的深呼吸，默诵每一个愿望。将你对社区、城市或是省份中的所有人的善念植根于心。

准备充分之后，进一步扩大关注范围。可以想象在你所在的国家或是大洲中生活的所有人，向他们传达你的善意，这些人中包括你的新老朋友以及陌生人。想着这个更庞大的人群，默念上面的句子。

另一种体验博爱的方式是将所有人分成两组，他们相互之间没有交集。分组时你无须详细地分析思考，只要觉得合理即可，比如分成“所有孩子”和“所有成年人”，或者“所有女性”和“所有男性”，又或者“此时所有遭受痛苦的人”和“此时所有没有遭受痛苦的人”等。你可以发挥自己的创造力进行分类，比如“所有睡着的人”和“所有醒着的人”，或是“白天的人”和“夜里的人”。关键是不要把任何人排除在外，要囊括你能想到的所有人。然后，为每个组里的人默念那些经典句子，激发你心中的善意。

愿所有孩子感到安全。

愿所有孩子感到幸福。

愿所有孩子身体健康。

愿所有孩子生活惬意。

慢慢拓展这些愿望，真正感受你对所有人都怀着这样的善意。专注“所有人”这个词，能让你的心胸随着每一个祝愿更加开阔。

愿所有人感到安全。

愿所有人感到幸福。

愿所有人身体健康。

愿所有人生活惬意。

结束这个练习，开始一天的生活。此时，你知道这一天中你遇见的每一个人都收到了你的祝福。

昨日重现法练习

除了面向所有人进行的冥想练习之外，每天对自我进行关注也可以让心灵放松。从根本上来讲，一个人关注自我并没有错。毕竟，你要找到自己每天的生活方向，还要规划或有步骤地自我呈现[①]。只有当你迷失在看似永不确定的漩涡中时，才会出现问题。有时候，你似乎是闯进了一个镜厅，四周都是镜子，你孤独无助，看到的只是一个又一个镜子中的自我，找不到出口。因此，把注意力转移到他人身上，才是你的出路。

想要对关注自我和关注他人的程度有更深入的了解，你需要一个片段一个片段地梳理、回顾一天的生活。由此，你可以发现到底错失了多少本可以创造出积极共鸣的机会。

我以前的同事兼导师、诺贝尔奖获得者、畅销书《思考，快与慢》（*Thinking, Fast and Slow*）的作者——心理学家丹尼尔·卡尼曼创造了一整套评估技巧。我要指引你将这些技巧略作调整，为己所用。

---

① 自我呈现是指在社会生活的相互关系中，每个人借助自己的语言和行为把有关自己的情况表达和显露出来。——编者注

你可以运用这个被称为“昨日重现法”（简称 DRM）的方法，回顾、评估自己的日常思维习惯，以及真正和可能出现的情绪。

完成这个练习需要一些时间，最长需要一个小时。从练习中收获的深刻见解，是你在未来爱的微小瞬间可以利用的财富。练习开始时，你需要准备好一个本子或是一摞纸，还有一个计算器。

一切准备就绪之后，你就可以开始回忆昨天做过的每件事。要回忆起一天中的每一个细节是相当困难的，所以，DRM 练习把这个过程分解为若干个步骤。首先，你要记录下早上醒来和晚上上床睡觉的时间。其次，从醒来的时间开始，按顺序记录下一天的活动，把一天的时间分成一个个的时间段。给每个时间段编上号码，加上简要的描述，比如，“1. 舒展身体”“2. 出门散步”“3. 吃早饭”等。记下每个时间段开始和结束的时间，避免两个时间段之间间隔过长或出现时间上的重叠。你可以把这些时间段看成是一出戏剧中的场次。每当有新的角色、背景出现，或目标发生改变，就说明你的活动发生了变化，这也意味着一个新的时间段开始了。当然，你也可以跳过那些小的活动，比如擤鼻涕或是上厕所。不过，关键是要把一天的活动完整地记录下来。每个时间段内活动的持续时间一般在 10 分钟到两个小时。一天的活动场次可能不到 10 个，也可能有 30 多个。

接下来，对这种方法稍作调整，就可以帮助你发现、开启关注他人的机会，发掘潜在的爱意。尽量准确、诚实地回答下列问题，记录下一天当中每个时间段的活动。

时间段名称：__________

时间段持续时间（分钟）：__________

1. 这段时间内，他人出现的时间比例（0~100%），包括面对面或通电话的时间（但不包括电子邮件、语音信箱或手机信息等非同步交流的时间）。_____

2. 这段时间内，你满怀敬意地关注他人的时间比例（0~100%）。_____

3. 这段时间内，你与他人经历同步并产生联结的时间比例（0~100%）。_____

4. 这段时间内，你感到他人陪伴令你充满活力的时间比例（0~100%）。_____

5. 这段时间内，你与他人具有相同的想法及感觉的时间比例（0~100%）。_____

6. 这段时间内，你与他人的互动反映了你们之间通力协作的时间比例（0~100%）。_____

7. 这段时间内，你与他人相互为对方的福祉着想的时间比例（0~100%）。_____

回答了前 3 个问题之后，你会发现自己所填写的数字越来越小。问题 1 和问题 2 是与他人产生积极共鸣的前提条件：首先要有他人在场，其次要有对他人满怀敬意的关注。问题 3 关注情感联结，剩下的问题描述了积极共鸣的 3 个主要方面：共享的积极情绪（问题 4 和问题 5）、生物行为同步（问题 6）和相互关注（问题 7）。

接下来进入计算步骤。如果是在纸上记录，你就需要用到计算器了。首先，计算所有记录下来的时间段的时长总和（以分钟为单位），应与你昨天清醒的时间大致相等。然后，把问题 1 到问题 7 中的百分比换算成分钟，即用每个时间段的持续时长乘以每个问题中你填写的百分比（比如，20% 即用时间段分钟数乘以 0.2，5% 则乘以 0.05）。接下来，把每个时间段中同一个问题的时长数相加。比如，把你一天中清醒的所有时间段的问题 1 的时长加在一起，计算出你和他人相处的总时间。以此类推，把所有时间段中问题 2 的时长相加，算出你关注他人的总时间。问题 1 和问题 2 的计算结果很可能差距相当大，这个时间差意味着你在普通的一天中尚未发掘的能产生积极共鸣的机会。

然后，计算出你昨天醒着的时间内产生积极共鸣（问题 3）或其 3 个方面之一（问题 4、问题 5，以及问题 6 和问题 7）的时长。这个数值与你在一天中和他人相处的总时长（问题 1）之间的差距可能很大，代表了尚未发掘的爱的潜能。相形之下，这个数值（问题 3 至问题 7）与你在一天中满怀敬意地关注他人（问题 2）的时长之间的差距越小，意味着你将这些机会转换成爱的能力就越强。

♥ 杰里米的故事

我家的书房中挂着三封装裱起来的信，其中有两封信是我的儿子写的，另外一封信则来自一群我可能没有机会见到的孩子。儿子们写给我的信是母亲节的礼物，描述了他们眼中的妈妈是怎样的人，比如“会做最好吃的薄煎饼”“经常为我加油”“喜欢跟我聊天”“教给我心理学知识”等。第三封信是用蓝色记号笔写在绿色的图画纸上的，还用闪光胶水和卡通图案做了装饰，上面写着：“亲爱的弗雷德里克森博士，谢谢你教会威尔斯先生 + 蒂莎和凯利。”

杰里米·威尔斯是我以前教的一个学生。几年前，他参加了我的一个积极心理学本科高级研习班，之前他从没想过有关积极情绪的问题。

几个月前，我在北卡罗来纳大学教堂山分校的校园里偶遇杰里米，当时我正忙于写作本书的第一部分，他刚巧回来度假。几年前他在我班上学习的时候，是一名活泼开朗又有思想的好学生，我很喜欢跟他聊天。我们站在路边聊了大概半个小时，杰里米说他有一封信要转交给我，是他以前的学生写给我的。杰里米聊起了他的学生和他当老师的经历，对此我想知道得更详细一些，于是，我请他接受我为写作本书进行的采访，他欣然同意。杰里米和他的学生们的故事清晰地展现了积极共鸣的重要性，以及在最棘手的群体中激发积极共鸣的方法。

杰里米大学毕业后在非营利组织“为美国而教”中获得了一个大家梦寐以求的职位。该组织招募了数千名刚刚走出大学校园的毕业生，让他们在低收入社区任教两年或更长时间。杰里米加入“为美国而教”的初衷，在于能为社会变革做一些实事。在此之前的几年中，杰里米曾经在达勒姆附近问题颇多的几所城市学校志愿担任助教，他发现了一个极具讽刺意味的事实：当“杰里米们”在精英荟萃的象牙塔中大谈特谈根深蒂固的教育与财富不公导致了社会不公等问题时，却忽视了就在离大学不远的地方还有中学生看不懂《狗狗，上！》这样的儿童读物。杰里米认识了一个想要设计电脑游戏却完全不具备相关知识的孩子。杰里米通过近距离的观察与亲身体验，得知问题很棘手。他说：“在某个地方有些人对这个孩子做了一些事情，阻碍他学习知识或是不给他学习的机会，这个问题实在不应该出现。”

“为美国而教”为杰里米提供了一个机会，让他可以撸起袖子大干一场，直接帮助那些低收入社区中的问题学生，缩小他们与其他学生之间的差距。他接受了数月的“为美国而教”的教学培训，在北卡罗来纳州一所很差的乡村高中开始短期实习。助理校长发现杰里米极有耐心，而且对最差的学生也抱有很高的期望，于是让他独自承担数学课的教学。杰里米要教的 12 名学生都是长期以来成绩很差的劣等生，其中有些学生的智商只有 50 多分，有些学生有严重的暴力倾向——如果“老师对待他们的方式不对，他们很可能会直接掀桌子”。杰里米刚接到这个具有挑战性的任务时很激动。他天真地以为自己可以扭转乾坤，轻易解决这些学生身上存在的问题。

但现实给了他重重的一击。尽管杰里米每天至少花 4 个小时准备教案，将在书本上学到的整套引导方法、触觉教具和他所读到过的其他所有教学工具结合在一起，但他很快就发现自己完全无法搞定这些学生。这些学生就像杰里米所说的“意志消沉”，他们与杰里米没有眼神交流，就算开口说话也只是小声嘟囔。最糟糕的是，他发数学考卷的时候，很多人只是把头埋在桌子上，甚至不看考卷一眼，不去试着答题，教室里死气沉沉的。

杰里米说这个新的教学任务让他觉得挫败和压抑。“直接对学生们的学业成绩负责，为他们的身体健康、收入潜力和职业发展做好准备”——虽然这是他大学毕业后一直梦想的工作，但当时的杰里米却开始害怕走进教室。此外，他的睡眠也出了问题，他经常在半夜惊醒，并且开始掉头发，对娱乐活动也没了兴趣。他觉得自己整日忧心忡忡，好似行尸走肉。

杰里米之前对工作的期望值太高，但他每天要面对的学生们又消极厌学——这是杰里米遇到过的最棘手的挫败。他知道自己应该做些改变，就连他的身体也发出警告，告诉他不能再这样下去了。沮丧了一段时间之后，杰里米回忆起他在“为美国而教”入职培训时讨论过如何调节课堂气氛以及如何激励学生投入学习。他还回想起我在当地公共电台上接受的一次采访，以及我的第一本书中的开篇故事，我在其中讲述了体悟到积极情绪重要性的家长如何改变了孩子的日常生活，进而改变了周围人的生活。然后，他回顾了在北卡罗来纳听我讲课时的情形，他学到了消极情绪与积极情绪的不对称性。让他最震惊的是，消极情绪通常会“大嚷大叫、又踢又踹”，而积极情绪“就像躲在屋里的孩子，安安静静，没人理睬”。这让他想到，如果他能培养、感受那些静默短暂的积极情绪，同时帮助他的学生也这样做，那么这些孩子也会像他一样恢复活力，重新燃起求知欲。他向我坦陈，在经历人生最低谷之前，所有这些想法都只是抽象的概念，虽然很有意思，但总感觉不真实。现在，在挫折面前，它们却变得极富生命力。

杰里米意识到，他首先要改变的是自己的态度。正如他所说，“也许，我并没有对教育持有颂扬的态度”。这个任务确实艰巨，但他也意识到可以换个角度看待自己的处境，就当获得了一个难得的机会，可以以积极的方式去改变这些孩子的生活，重燃他们对于学习的热情。他开始把教学看作一种双向的关系，他说：“孩子们可能非常消沉，但我走进教室的时候，我自己肯定也是一副毫无生气的样子。”

也就是在那时，杰里米决定暂停教学。他准备多花些时间与学生建立起真正的联结。他首先让学生们了解彼此，比如有几个兄弟姐妹、他们对这个城市的看法等，任何能打破沉默的话题都可以。他让孩子们写下自己的故事——“我最糟糕的经历”“让我高兴的事情”等。在一个学生终于鼓足勇气分享了自己的故事之后，其他学生们也争先恐后地谈起了自己。杰里米形容这些孩子就像是在冰山边缘排成一队的企鹅，都望着脚下的海面，只要有一只企鹅纵身跳下，而且安然无恙，其他的企鹅也都会纷纷跟着往下跳。孩子们打开了话匣子，说起了不在家的父亲，还有领用食品券勉强让全家填饱肚子的母亲。他们分享着自己的恐惧、爱好与希望。泰伊自己动手改装赛车，最近在比赛中赢得了 2 000 美元的奖金；蒂莎说她想当一名护士。他们学会了信任自己的同学，也学会了尊重他人分享的经历。

杰里米甚至还专门用几堂课的时间介绍了积极情绪的基本知识，他把这归功于北卡罗来纳的“弗雷德里克森博士”。他要学生们回忆自己感到低落或沮丧的经历，学生们谈到了分离的痛苦以及其他挫败。杰里米建议大家经常关注自己的消极情绪，因为这样的情绪会摧毁他们的潜能和自信。他也让学生们意识到积极情绪有时候会被我们忽视，但这些情绪对身心健康大有裨益。通过倾听彼此的故事并相互给予支持，学生们学会了在课堂上培养积极情绪，这让他们精力充沛、信心满满，也让他们有了解决学习难题所必需的勇气。孩子们把这些对情绪的讨论类比为体育运动中的困境——棒球运动员在比赛最后关头，在第二垒扳平比分跑垒时需要对获取胜利满怀信心，并全力以赴。杰里米告诉他们，数学课也像棒球比赛一样，他们需要集聚所有的力量和信心坚持到底，并全力以赴。

在杰里米的帮助下，孩子们把学好数学当成了生活中的一个目标。比如，蒂莎认识到，护士需要数学知识来测量血压或配发药物。她本以为护士不需要学数学。杰里米跟泰伊谈论工程学、轮胎压力、转速和车速，并强调这些知识和数学的关系。杰里米告诉我："我觉得积极情绪真的很重要……我把学习和积极情绪联系在一起，让学生畅谈自己的感受。比如，让他们设想以后的职业理想，他们会说，'一想到这些我就很开心！'我告诉他们，'数学课也应该让你开心，因为有了它，你们才能实现自己的梦想！'"

在被他们称为"聊天"的活动持续了几周之后，这 12 名差等生对杰里米的数学课产生了兴趣。此外，杰里米还鼓励他们发现其他人故事中有趣的地方，鼓励他们在解答数学难题的过程中互相帮助，并为别人取得的好成绩高兴。之后，学生们不再是小声嘟囔、沉默不语或没有眼神交流。杰里米说："如果蒂莎做对了一道题，其他人会大喊，'你真棒！'最后，孩子们不用我引导也会为彼此加油，这可是了不起的成绩！"杰里米说现在的课堂气氛很活跃，孩子们会在课堂上争着喊出答案，令人难以置信。

孩子们情绪上的巨大转变产生了效果——泰伊得到了"A"，生平第一次跟妈妈说自己喜欢数学；智商 50 多分的那个学生通过了考试；

另一个孩子的分数也从 14 分提高到 44 分。实际上，杰里米班上的学生有超过 80% 的人通过了该州的标准化数学测试。如果和这所高中普通学生 50% 的及格率相比，你就会看到这样的转变是何等了不起。有个学生的奶奶打电话询问她的孙女是不是通过了考试，当杰里米告诉她确实如此时，她说："太好了！感谢上帝！"

杰里米对此非常开心。他激动地说："当我想到自己能让这些不喜欢学习的孩子重燃学习热情，当我看到他们找回自信时脸上的表情，我感到了难以形容的喜悦。"他也承认这种方法不是对每个人都有效，但对大部分人都有作用，"我敢说，很多孩子都比之前自信得多了，他们的学习能力也得到了提升。"

至于杰里米自己，他的睡眠质量得到了改善，也不再掉头发了。他对我说："我觉得自己更有力量、更自信了。"他从"为美国而教"以及在我的课堂上学习到的知识中吸取了经验，并用这种方式克服了人生中的巨大挑战。

杰里米用自己的亲身体验印证了我在和他聊天时提到的一些想法：他自己的内在变化——重燃希望，乐于欣赏他人的优点，颂扬哪怕是最小的成功，最重要的是乐于尝试新的引导方式——在课堂上创造了新的联结，激发了新的力量。凭借此前他对积极情绪学的学习和"为美国而教"赋予他的价值观，杰里米将抽象的"课堂"具体化为了为学生们创造真正积极共鸣的地方。正是这些积极共鸣——颂扬、联结与友情——让这些曾经的差等生重获学习的能力与复原力。杰里米承认，“孩子们之前觉得这种颂扬看上去很蹩脚、很傻”。他们得先像杰里米之前那样接受有关情绪的一切事实，然后才会接纳杰里米尝试营造的新课堂气氛。“这不是一蹴而就的事，也不是一个人的力量能促成的，我们都认同这个想法，都有意维护，都付出了努力。我们努力的结果清清楚楚地呈现在这里，它改变了我们的生活。”

我想这样写：“亲爱的蒂莎和凯利，谢谢你们让我看到你们如何教会了自己和同学如此积极地生活。请接受我最真挚的祝福！”

♥ 用爱重塑你的职场

尽管积极共鸣可以自发出现，无须附加任何的想法或干预，但我不得不提的是很多情况下并非如此。人们长期以来形成的思维与社会交往习惯通常会令他们仅关注棘手的问题，评判或远离他人，在工作中尤为如此。杰里米在工作中的改变实属勇气之举。他必须做出艰难抉择，先教授他们关于积极情绪的知识。敷衍的教学当然省时省事，但它无法带来杰里米想要的转变，于是他通过这种方式，让学生们敞开心扉，和他人产生情感联结，大胆地面对学习中的困难，并全力以赴。

你也可以花些时间使用杰里米的方法。回顾一下你的工作、工作状态和工作态度，想想看，工作中有哪些部分是你与他人共同完成，或有他人在场的？在这个过程中，你花了多少时间有意识地与他人建立情感联结？你是否放慢了节奏，真正倾听，和他人进行眼神交流？你是否像杰里米一样，暂时放下终极目标，首先花时间去构筑人际关系、提升复原力和其他能力？或许，你的团队要达成最高的工作目标，需要的不只是更多时间、更多预算或更新的技术，你更应该通过激发团队成员间的积极共鸣，在团队内部发掘更强的个人能力与集体能力。那么，你会在培育同事情感联结方面投入多少精力？你会通过什么样的新仪式或新习惯，向工作中注入更多的爱？你和同事会用什么样的指标来评判这样的投入是否有回报？

科学家们最近发现了积极共鸣改变人类生物化学物质的方式。积极共鸣与你的日常生活越来越不可分割，它们甚至改变了你心脏跳动的频率，增强了你的迷走神经张力，令你的心脏活动与肺部活动更加趋于同步。科学家现已肯定地指出，高迷走神经张力水平不仅可以产生更强的社会群体共鸣，也有助于实现更有效的自我控制与更好的健康状态。由此，爱与健康在你的生活中交相辉映。与此同时，爱与健康之间形成的互利铺就了一条通向更强合一性的道路。可能就是这些充满养分的积极共鸣时刻，像凯伦·阿姆斯特朗说的那样，“深深触动我们的内心，并且能够暂时让我们超然于自我”，又像莎朗·萨尔斯伯格所说，体现着信仰那种“活跃、开放的状态”，让我们“迈出下一步”。

我在本章中一直鼓励你向博爱迈出新的一步。我希望已经说服你看到这一步的光辉闪耀，一如开篇所引用的托马斯·特拉赫恩的诗句。这一步将引领你更接近最远大的抱负和最高的精神境界，让你敞开心胸，为个人福祉与身体健康找到更多更好的机会。

你可以随时练习博爱，但要选择最适合自己的方式。最好把“博爱”的新目标简化为“多爱一个人”这样更切实际的愿望，逐步累积。由此，你的目标可以超越传统的爱之疆界，不把任何人排除在外。你天生具有的基因和心理构成，让你辨识、保护、珍视亲人以及其他与你息息相关的人。此外，进化的需求也赋予了你与陌生人分享爱的能力，并让你从中受益。千万不要错过不受拘束地给予所有人爱的机会。

第9章 爱是一种体验

在没有懂得如何去爱之前，我从未懂得如何去祈祷。

——亨利·沃德·比彻

我花了数月时间写作本书，阐述如何升级对爱的定义。现在，我完全相信这一个简单的呼吁能够打开通往未来的大门，毕竟科学之路永无止境。最新发现表明，爱对于一个人的身体、大脑、行为和事业发展都具有重要影响，这令人惊叹不已，但我们也必须谦卑地承认，对于爱的全部影响力，人类依然知之甚少。对爱之力量的新发现源源不断，我们都需要不断升级自己对于爱的看法，丰富这种能够拓展生命的体验。无论你此前对爱持何种看法，我希望我的书已经挑起了你的好奇心，让你开始将爱看作身体的体验，以及你与任何一个人之间产生的短暂的积极共鸣。爱能激发你体内的生物化学反应，帮助你重塑身心。

同样值得思考的是，你是否墨守成规，无意间桎梏了爱的体验？这些桎梏可能已经阻碍了你发掘健康与幸福的全部潜力，阻碍了你助人为乐的潜力。除了与你分享爱的最新科学，我写作本书的目的是要将你从这些桎梏中解放出来。没有自我反省和自我改变的爱，仍旧是不完整的。

几年前，我参加了一次静默冥想。一位导师给我们讲了一个小笑话——有个人得知一位朋友最近在进行冥想练习，于是他嘲笑朋友说："练习，练习，练习！你做的就只有练习，什么时候才能去表演？"之后，这位导师说练习之后确实有演出，那就是"日常生活"。

这就是我在第二部分中敦促你采纳的对待练习的态度。无论是选择正式冥想练习还是非正式练习，我保证，如果只是浅尝辄止，你一定看不到明显的变化。我们都知道，一次高强度的健身或是一顿西兰花，对健康不会起任何作用；通往身体、情绪和精神的路径亦是如此。所以，你要找到适合自己的活动，找到那些反复出现且能够激励你的信号。在这些活动中产生的积极情绪能够不断引领你练习、练习、再练习，从而帮助你建立起拓展人生的新习惯，由内而外地重塑你、你的日常生活和你的人生。

情绪是与生俱来的吗？

就在我写作本书的过程中，一场学术地震撼动了情绪科学的基础。引发这场地震的根本问题存在已久，只是我的同事——情绪科学家丽萨·费尔德曼·巴雷特（Lisa Feldman Barrett）现在凭借相当的数据支撑，信心满满地再次提出这个问题。巴雷特和她的合作者〔包括我在北卡罗来纳的新同事克里斯汀娜·林德奎斯特（Kristen Lindquist）〕提出的问题很简单：情绪是什么？威廉·詹姆斯在1884年时已对此课题格外关注。

当代科学家对此问题的典型回答是：情绪是对于侮辱、危险、突如其来的幸运等新情况的合理反应，是诸如愤怒、恐惧、喜悦等的暂时性情绪状态。这些情绪引发的反应表现为面部表情、心血管活动、主观体验、冲动行为等可识别变化，且这些变化源于大脑。其中的隐含假设为：愤怒、恐惧、喜悦等独特的情绪状态由身体与大脑的基本结构决定，是几千年以来自然选择的结果。

巴雷特对于"情绪是什么"这个问题的解答，同样基于人类从先祖那里继承了基本情绪架构这一前提。她认为愤怒、恐惧、开心等体验实际上不是由遗传基因决定的固定的情绪状态，而是具有更大的灵活性。巴雷特在我们共同的研究领域中提出了对早前假设的挑战，提出大脑天生具备的配置只会让你在刺激下产生无特定类别的身体快感或不快，她称这类快感和不快为核心情绪。由此，你对于愤怒、恐惧、喜悦等某种特殊情绪的体验，其实是你凭借对当下发生事件的理解，进而对身体此时快感或不快状态的感知。换言之，诸如记忆、学习、知识、语言等高阶思维进程是更为基本的“思想配料”，它们与“核心情绪”共同创造了愤怒、恐惧、喜悦等不同配方的情绪状态。虽然巴雷特及其同事对于情绪的建构主义观点可以追溯至早期科学家的主张，但她们的理论首次得到了现代神经科学证据的支持。

这对爱意味着什么？这对你又意味着什么？千年以来，人类祖先从与他人的互动以及联结中明显获得了良好的感觉，并由此感到精神振奋、精力充沛。他们在与他人互动、联结的时刻里，比其他较为平凡的时刻更充满活力、更加警醒。先人们将各类不同情形下产生的此类令人振奋的良好感觉的共性集中在一起，创造了语言、仪式以及宗教，用以代表他们以及他人所渴望的感觉。

此类语言与仪式的出现，让人类世界大大改观。巴雷特实验室以及包括我的实验室在内的多家实验机构的研究证明，人们身体体验的特质依赖于每个人对于情绪的判断和看法。比如，受巴雷特的启发，在我的积极情绪与心理生理学实验室中工作的琳赛·肯尼迪（Lindsay Kennedy）和贝瑟尼·寇克测试了愤怒对身体的影响与愤怒者想法之间的关系：愤怒的人将愤怒看作一种情感，还是认为愤怒不是一种情感而是“对于资源不平衡的本能反应”？按照巴雷特的观点，人们对刚刚经历的不愉快的看法决定了他们的身体反应。认为愤怒是一种情绪的人，其心率和血压都明显升高；而认为愤怒不属于情绪范畴的人，其心率和血压的变化则不那么明显。

也就是说，仅仅阅读本书可能就已经使你的人际交往体验库中增添了一种强有力的新情绪。你对爱的看法实际上重塑了你的身体体验爱的方式。在 2012 年情人节出炉的一份全球民意调查显示，大部分已婚人士或同居人士认为伴侣是他们最重要的幸福源泉。同样，将近半数的单身人士表示，他们渴望找到自己的伴侣、找到属于自己的幸福。尽管这些数据在不同文化中略有差异，但它们揭示的事实还是让我震惊。将爱仅仅看作你与伴侣之间的浪漫爱情或承诺——似乎地球上的大部分人都持此观点——限制了你从积极共鸣中获得健康与幸福的能力。换言之，你对于爱是什么的看法，决定了你能获得多少爱。比如，如果你认为自己与在机场碰到的陌生人之间发生的几分钟短暂联结也能开出爱的繁花，那么爱就会随时出现。相形之下，如果你觉得自己只有与某个缘定三生的人才能碰撞出爱的火花，那么就严重限制了你与在机场碰见的那个人之间产生爱的机会。传统的关于爱的看法就像是在花园的泥土地里浇筑了一层厚厚的水泥。尽管可能会有几株花破“泥”而出，但大部分花更有可能会夭折。升级关于爱的观点，全面认识爱，就能够打碎、清除水泥，让花园里的花全部绽放。

无论你对爱是否持有新的观点，积极共鸣都一如既往地存在，满足着你的身体对拓展生命、舒展心灵的原始渴望。你能否升级爱的观点，取决于你能否睁开眼睛看到身边众多可以满足你渴望的机会。当你如醍醐灌顶般领悟到爱的潜能，你的体内就能生发出可以改变人生的全新情感。

爱的基因表现

在我写作本书的过程中，我和我的研究团队还发现了人类细胞中某些基因表达能够放大或抑制人们对爱的表达。我们发现，心脏迷走神经张力水平较高的人能从慈爱冥想练习中获得较大、较直接的积极效果。更令人振奋的是，我们还发现练习慈爱冥想可以增强迷走神经张力。随着时间的推移，积极情绪和较高的迷走神经张力水平能够相得益彰。

在最新的研究实验中，我们在志愿者首次练习冥想之前，提取了他们的血液样本。我们通过抛硬币的方式将志愿者分为两组，一组进行慈爱冥想练习，另外一组进行并非针对培育爱意感觉的冥想练习。在冥想练习结束后，我们要求志愿者对自己的积极情绪状态做出评价。我的合作者凯伦·格雷文（Karen Grewen）在位于北卡罗来纳的实验室中处理了志愿者血液样本，之后将其送到我的最新合作者——加州大学洛杉矶分校社会基因组学核心实验室负责人史蒂

夫 · 科尔那里。科尔运用精密的计算机技术分析了每位志愿者的核糖核酸（RNA），以确定基因表达能否预测出人们对于慈爱冥想的特殊积极反应。

结果显示出明显的差异模式。尽管我们尚不能确切指明这样的差异具体意味着什么，但这个结果与我的研究团队一直以来所做的一般性假设相一致：心脏迷走神经张力、炎症应答、基因表达，甚至是体重指数等生物指标，在人们尝试培育爱的过程中，会放大或抑制人们的良好感觉。基于“爱也重塑着这些生物指标”的角度（这是我们 2014 年要验证的一种假设），积极情绪的螺旋式上升随之产生，爱和健康也动态性地相互激发。由此，你的基因表达在某种程度上取决于你自己。通过练习健康的情绪表达模式，你也许能够重塑基因表达的方式。我已经在书中多次提到，身体就是为了爱而生，生来就渴望积极共鸣。我的团队目前正在寻求更加准确的结论，指明哪些基因对爱的渴求最迫切。

爱的自动导航系统

你的内心如何能够与自己身体的渴望协调一致，听到它对爱的微弱呼唤？这听上去几乎不可能。其实，与细胞传达的这些信息步调一致，可能比你想象的要容易。你生来就知道身体的基本需求能否得到满足，这个测试仪就是感觉。此外，大脑中的生物化学物质也在自然选择的精心掌控之下，能够在你哪怕是忙于思考其他事情的时候，仍然密切追踪着可以令你体验到良好感觉的外在条件。那是因为好的感觉会触发神经化学物质纷纷涌现，让你爱上所有激发这一情景的东西，就像是这种良好的感觉点燃了一个烟花，在其散落半径之内的所有人和物，都会被罩上闪耀的亮光。将感觉看作你与生俱来的积极性自动导航系统，如果你跟随导航的指示，你就能一次又一次地被吸引到最能打动你的事物那里，包括积极共鸣。

当然，你在与积极性导航系统保持行为同步时，也应该保持头脑清醒。你的身边肯定永远簇拥着各类“小商贩”，它们企图引诱你在商品和服务中找到慰藉，无论你是否需要。此类服务通常经过精心设计，想要点燃那些让你产生品牌忠诚度甚至是品牌依赖的情绪焰火。你可以通过有意识的努力，压制这些冲动。如果你做不到，就会变成受贪欲束缚的可怜虫。不过，压制住享乐的冲动未必总是明智之举，能分辨出哪种寻求快乐的迫切愿望是健康的（比如对于联结的内在渴望就是健康的），这才是情绪能力的基础。你要做的就是走出熙熙攘攘的“市场”，相信身体中与生俱来的智慧，跟随它，以有意义的方式与他人产生联结。

婴幼儿理所当然会追随着他们的积极性本能。然而，对于“人们是否会调整自己去关注、接受自己的良好感觉并且优先考虑它们”这一问题而言，一旦冲动控制成为可能，一切就另当别论了。证据显示，人到中年之后，才会具有真正的智慧，去正确对待那些默默无闻的积极性线索。很多家庭与学校都在寻求各种方法，帮助年轻人找到身边的积极共鸣之源。父母和老师、教导员和宿舍管理员都提供着这样的支持，帮助年轻人建立积极性联结。比如，在你成长的过程中，父母不仅让你吃饱穿暖，还会为你创造与他们或其他人分享积极情绪的各种机会。起初他们只是呵痒、逗你发笑，然后是约小伙伴们和你玩耍，在周末和假日举行各种家庭活动。很多学校、学院和大学也会努力提供相似的结构性支持，通过课堂内外的破冰活动、其他体验活动以及文体活动，构建群体的社交网络，创造额外的积极共鸣，滋养青春岁月中的你。

我之前提到的杰里米把这种结构性支持比作一种外部导航系统。如他所说，“你在大学里走过的路，好像已经是决定好的，你只要跟着走就行了。之后，导航系统突然关闭，你必须自己重新定位。这时你才开始感到害怕”。被放逐到所谓的真实世界中，没有了对情感联结的支持，这让刚刚走出校园的大学毕业生们感到迷茫。他们不知道为什么生活突然不再有活力，而是令人疲惫不堪。

适应这种剧烈的变化就像是学做饭。十几年来都有父母照顾你的一日三餐，之后你会独自在大学食堂解决饮食问题，走出校门后你还需要每天做出营养均衡的食物喂饱自己。就算营养失衡在数月甚至数年之内不会对你的身体造成什么影响，但你最终还是会深受其害，或身体也会呈现亚健康的状态。若把爱看作一种微量元素，那么你要花多久的时间才能学会在日常生活中摄入适当的爱？你可能会花几年甚至几十年才能学会人生中这重要的一课：在现实世界里，你得负责用爱来滋养自己。

我花了20年的时间才将爱融入我的生活，但有时我仍不能真正领悟它。我天生内向，后天又成为工作狂，这种状态把我的生活推到了难以为继的地步。我40岁出头的时候，无论是人际关系还是身体状况，都是一团糟。于是，我从那时起开始学着让自己每一天、每一周的生活和工作计划都围绕着爱展开。我努力抓住每个不期而至的机会，与工作场合和社区里的人们，甚至是我离家在外时碰到的陌生人，培养富有意义的情感联结。20年是一段很长的时间，我似乎看到了人生的积极性在我的书桌上慢慢累积升高。我希望你不必花这么长的时间。

现在你已经清楚，你能否真正学会人生的这一课——你能否每天都激发出爱的能力，关系重大。它会让你的生活更加丰富多彩，而且你周围的人也能得益于此。就像杰里米所说："你想怎样努力工作都没问题，但如果你不与他人产生情感联结，你就不会获得真正的成功，也不会感到幸福。"幸好，你已经有了可以引导自我的工具，与生俱来的积极性自动导航系统会伴你左右，即便未来的方向不够清晰，但它会一直引导着你。对这个系统明智地予以利用，你就能引导自己向着爱、健康与幸福的人生方向大步迈进。

我已经说过，爱是人类的至上情感，掌控着你的感、思、行、变，将你推向合一感的更高的精神维度。从新的高度，你可以看到自己与更壮阔的生活愿景的联结，以及自己在这个大图景中的位置和影响力。

爱也是一种极其个人化的情感。它存在于你的思维与身体内，随着每一个情感联结——你与他人分享的每一个微笑、每一次大笑或是每一次心照不宣的眼神交流——而得到提升。尽管积极共鸣转瞬即逝，但它还是受到了越来越多的科学关注。现在，你终于可以透过个人的主观镜头以及科学的客观镜头，从两个视角了解与欣赏爱。透过科学的镜头，你能够更好地了解、欣赏自己的身体和大脑如何为爱而生、如何从爱中受益。学着更多地去发现、发掘爱，它会将你、你所在的社群乃至你我共存的这个世界提升到远非你我今日可以想象的境界。

爱的大树枝繁叶茂，只有你才能让自己从中汲取养分。

致谢

你在本书中看到的有关爱的观点，已经在我的头脑中酝酿了很多年，都是在我与他人不断产生联结的过程中浮现而出的。其中，有些联结转瞬即逝，有些联结则经久不衰；有些联结是双向联结，各类想法在丰富的谈话与合作中成形；有些则是单向联结，是我自己对其他学者所持观点的斟酌与扩展。

本书的基本观点是：我们最好将爱视为在安全的人际交往中分享的积极情绪。这一观点的灵感来自卡罗尔·伊扎德。他在其 1977 年的著作中将爱描述为“共享的愉悦与共有的兴趣”。由此，我相信对于积极情绪的任何阐述都不应忽略掉爱。我在有关拓展–建构理论的讲演稿中所提及的爱的观点就源于伊扎德，他的理念让我受益匪浅。

我的朋友，也是我在密歇根大学的同事简·达顿，她对高质量情感联结的开创性研究帮助我形成了对爱更深层次的观点。她对于形成、滋养长期关系以及偶然相遇的联结性力量有着独到的看法，这一直是我的灵感来源。简的理论工作激发了我的灵感，她本人也给了我无尽的鼓励和支持。我们的友谊没有因为我搬离安娜堡而受到影响，对此我倍感欣慰。

我也从其他学者的研究和工作中，汲取了有关爱及相关问题的想法，包括：丽萨·费尔德曼·巴雷特、肯特·贝里奇、约翰·卡乔波、劳拉·卡斯滕森、史蒂夫·科尔、迈克尔·科恩、麦克·奇克森特米哈伊、里奇·戴维森、保罗·艾克曼、露丝·费尔德曼、谢莉·盖博尔、艾瑞克·葛兰德、卡伦·格雷文、梅丽莎·格罗斯、乌里·哈森、朱莉安娜·霍尔特–伦施泰特、戴维·约翰逊、丹尼尔·卡尼曼、达契尔·凯尔特纳、科雷·凯伊斯、安·克林格、鲍勃·列文森、凯瑟琳·莱特、马尔西亚·洛萨达、巴恰·梅斯奎塔、宝拉·尼登塔尔、苏珊·诺兰–赫科斯玛、基斯·佩恩、戴维·佩恩、克里斯·彼得森、鲍勃·奎恩、克里夫·萨隆、奥利维·舒尔泰斯、莱斯利·塞克卡、马丁·塞利格曼、艾瑞卡·罗森伯格、罗伯特·范罗兰、乔治·维兰特和戴维·斯洛恩·威尔逊。这些人中既有我的密友，也有与我素未谋面的人，他们的理论与经验都为我写作本书提供了灵感。

尽管我在 1998 年时就已提出“爱是共享的积极情绪”，但直到与我的学生以及在积极情绪与心理生理学实验室工作的博士生接触之后，我才对上述观点有了切身体会。比如，密歇根大学的毕业生克里斯蒂安·沃夫和卡里姆·约翰逊首先提出，积极情绪让人们更多地从“我们”而不是“我”的角度进行思考。我在北卡罗来纳大学教堂山分校教的第一批学生都以自己独特的方式诠释着此类观点。比如贝瑟尼·寇克专攻迷走神经领域，进一步深化了我在这方面的论断。拉娜·卡塔里诺发现，有些人更加擅长激发积极情绪和积极共鸣，因而能从中获益更多。塔尼娅·瓦查库尔克塞姆苏克不断发展着最具开创性的非语言行为同步研究项目，帮助我看到两人或者多人之间的合一行动的重要意义，以及此种重要性的原因所在。

我的积极共鸣理论明显受到了积极情绪与心理生理学实验室中两位杰出博士后的影响，我与他们就相互吸引这个话题进行了无数次讨论。密歇根大学博士后毕业（现任教于纽约州立大学石溪分校）的斯蒂芬妮·布朗与她的父亲共同创建了极具说服力的社会纽带演化理论。她也是第一个让我注意到人类身体具有两种基本模式的人：一种模式关注自我生存，通常受消极情绪和“战斗或逃跑”倾向性的控制；另一种模式与种群生存相一致，受积极情绪与“冷静并联结”倾向性的控制。同样，北卡罗来纳大学博士后毕业（现与我一起在该大学供职）的莎拉·阿尔戈在关系科学方面对积极情绪与心理生理学实验室的贡献相当大，她让我看到了相互感知回应在积极关系建立进程中的深远影响。我时常会惊叹于莎拉对复杂二元进程的分析能力，此后我也要继续向她学习。

其他曾在以及正在积极情绪与心理生理学实验室工作的人员，也对我的想法和理论有所帮助，他们是：嘉莉·阿黛尔、克丽丝汀·布莱尼根、戴瑞·卡梅伦、丽萨·卡瓦诺夫、迈克尔·科恩、安妮·康威、詹·伊斯盖特、基南·詹金斯、马特·凯勒、琳赛·肯尼迪、劳拉·库尔茨、格雷格·拉尔金、李晨、詹娜·兰克、艾丽·莱特、罗伯塔·曼库索、保罗·米切利、琼·米克尔斯、大竹惠子、艾丽斯·赖斯、托里·申克、坎迪丝·托马斯、米歇尔·图嘉德、帕蒂·范·卡培伦和托尔·瓦格。我要特别感谢金柏丽·科菲博士，她的定量研究令积极情绪与心理生理学实验室的研究更具说服力。我衷心感谢安·费尔斯丁，他一直以极大的热情和超凡的能力管理着积极情绪与心理生理学实验室的各类项目。自从加入我们的实验室以来，费尔斯丁将积极情绪与心理生理学实验室的效率不断提升到新的高度。

当然，没有众多研究参与者无私贡献的时间与想法，积极情绪与心理生理学实验室也不可能取得今天的成绩。他们每个人都是本书最终得以成形的重要基石，我要向他们致以诚挚的谢意。此外，如果没有美国国立卫生研究院在资金方面的大力支持，我们的工作也无法实现，感谢他们对于我提出的科学假设的信任。多年以来，我的实验室有幸得到美国国家心理健康研究所和美国国家护理研究所的资金支持，现又成为美国国家癌症研究所的资助对象。我的工作也得到了北卡罗来纳大学教堂山分校詹姆斯·格拉汉姆·柯南特聘教授基金会的支持。我还要对我在北卡罗来纳大学教堂山分校的同事、管理人员和其他职员表示感谢。因为有了他们，北卡罗来纳大学才成了一个让人工作舒心、生活顺心的理想之地。北卡罗来纳人，向前冲！

当布莱恩·麦克科尔邀请我以邓普顿研究员的身份在波士顿大学

丹尼尔森学院就心理健康做系列演讲时，关于爱的这些新观点在我的脑中生成。2010 年年初，丹尼尔森学院获得了麦特奈克瑟斯研究院及约翰 · 邓普顿基金会的支持，邀请我在波士顿大学举行 6 次讲座。我对这一邀约充满感激，也意识到正是布莱恩和丹尼尔森学院的诸位同人在我心中播下了写作本书的种子，并一路支持着我的写作。

英克威尔管理公司的理查德 · 派恩不仅仅是我的代理人，也是本书最初的编辑。他帮助我删减了过多的术语和理论，没有他就没有本书。我还要感谢英克威尔公司的琳赛 · 布雷辛和查理 · 奥尔森，他们完成了本书的翻译工作，让国外的读者可以了解我的想法。

在企鹅集团旗下哈德逊街出版社任职的卡洛琳 · 萨顿是一位优秀的编辑。她独具慧眼，看到了我书稿中的优点与缺点，并用心编辑。我同时也要感谢出版社的约翰 · 法根、莉丝 · 基南、考特妮 · 诺拜耳、阿什利 · 帕蒂森和布兰妮 · 罗斯，他们都在自己的工作岗位上为本书的出版与推广做出了贡献。

学习爱是一回事，但活在当下、全心去爱则是另外一回事。我必须承认，在把这些理论付诸实践的时候，我自己也不过是一个新手，并非专家。幸运的是，我一直有诸位导师的指引与启迪，不管他们是否具有正式的导师头衔。在他们的引导下，我每天都在更加用心地生活。我的正式导师包括莎朗 · 萨尔斯伯格、盖伊 · 阿姆斯特朗、马克 · 科尔曼和莎莉 · 阿姆斯特朗。我于 2010 年 1 月参加了在马萨诸塞州巴尔镇内观冥想协会举办的为期一周的慈爱冥想静修，其间，几位导师的教导让我收获颇丰。那是一次触及灵魂的经历。我还要感谢瑞塔·本恩、杰夫·布兰特利、玛丽·布兰特利、乔恩·卡巴-金、陆云、桑德拉·芬克尔、莉比·奥特洛、杰米·鲍威尔和莎朗·萨尔斯伯格（再次感谢），他们帮助我从学术和生活的双重角度更好地了解、学习冥想。我从与姐姐珍妮·加拉赫的友谊中，也体会到了爱、同情、宽恕以及生命本质的意义。此外，我还要感谢多娜、艾瑞卡、劳拉和杰里米与我分享了他们带着爱去生活的感人经历。希望我在本书第二部分中讲述的关于他们的故事，同样能够打动你，给你以启迪。

还有我最珍视的导师们：我的两个儿子克罗斯比和加内特，以及我的先生和精神伴侣杰夫。现在，我们一家四口与我儿子的两只"猫儿子"宙斯和阿波罗（这两个小家伙似乎对积极共鸣非常了解）幸福地生活在一起。每天，我都能从家人身上学到新的东西，并敞开心扉去爱。

杰夫给了我独一无二的启迪。从我们在那片草莓地第一次相遇开始，他一直在教我如何真正去爱，让我看到自己在象牙塔里的理论何其不足。他有用心去探索、去生活的天赋，年复一年，我已经完全信任他的直觉与智慧。因此，杰夫是本书每一个句子、每一个章节的第一位读者和评论员。我对杰夫的爱就像大海的波涛，不断奔涌，我们一生相伴的情感联结也在不断地增强。